U0113458

民营企业"一带一路"实用投资指南
蒙古国和欧亚七国

李志鹏/主编　　　耿国婷　张　爽/著

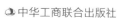
中华工商联合出版社

图书在版编目(CIP)数据

民营企业"一带一路"实用投资指南 蒙古国和欧亚
七国 / 李志鹏主编；耿国婷，张爽著. -- 北京：中华
工商联合出版社，2020.2
ISBN 978-7-5158-2676-9

Ⅰ.①民… Ⅱ.①李… ②耿… ③张… Ⅲ.①民营企
业-对外投资-中国-指南 Ⅳ.①F279.245-62

中国版本图书馆CIP数据核字（2020）第 018886 号

民营企业"一带一路"实用投资指南 蒙古国和欧亚七国

主　　编：	李志鹏
作　　者：	耿国婷　张　爽
出品人：	李　梁
责任编辑：	袁一鸣　肖　宇
装帧设计：	周　源
责任审读：	郭敬梅
责任印制：	迈致红
出版发行：	中华工商联合出版社有限责任公司
印　　刷：	北京毅峰迅捷印务有限公司
版　　次：	2020 年 10 月第 1 版
印　　次：	2020 年 10 月第 1 次印刷
开　　本：	16 开
字　　数：	130 千字
印　　张：	11.25
书　　号：	ISBN 978－7－5158－2676－9
定　　价：	58.00 元

服务热线：010－58301130－0（前台）
销售热线：010－58302977（网店部）
　　　　　010－58302166（门店部）
　　　　　010－58302837（馆配部、新媒体部）
　　　　　010－58302813（团购部）
地址邮编：北京市西城区西环广场 A 座
　　　　　19－20 层，100044
http://www.chgslcbs.cn
投稿热线：010－58302907（总编室）
投稿邮箱：1621239583@qq.com

编委会名单

主　　任：邢厚媛

编　　委：

邢厚媛　商务部中国服务外包研究中心主任

崔明谟　中国国际经济合作学会会长

王淑敏　中国国际工程咨询协会会长

李文锋　中国轻工进出口商会副会长兼秘书长

须同凯　南南合作促进会副会长

迟建新　全国工商联国际合作委员会秘书长

王燕国　中国民营国际合作商会常务副会长

王晓勇　中非民间商会专职副会长

李明光　中建集团海外部执行总经理

夏友富　对外经济贸易大学教授、博士生导师

齐国强　商务部《国际经济合作》杂志社社长

李志鹏　商务部研究院中国海外投资咨询中心主任

梁桂宁　商务部研究院对外投资所所长

主　　编：李志鹏　梁桂宁

总　序

2020年是中国提出共建"一带一路"倡议的第七个年头。中国推动共建"一带一路"坚持对话协商、共建共享、合作共赢、交流互鉴，同沿线国家谋求合作最大公约数，推动各国加强政治互信、经济互融、人文互通，一步一个脚印推进实施，一点一滴抓出成果，推动共建"一带一路"走深走实，造福沿线国家人民。高质量共建"一带一路"正在成为我国参与全球开放合作、改善全球经济治理体系、促进全球共同发展繁荣、推动构建人类命运共同体的中国方案。

2016年4月，习近平总书记在中央政治局就历史上的丝绸之路和海上丝绸之路进行第三十一次集体学习时提出，广泛调动各类企业参与，引导更多社会力量投入"一带一路"建设，努力形成政府、市场、社会有机结合的合作模式，打造政府主导、企业参与、民间促进的立体格局。民营经济是我国经济制度的内在要素，是推进社会主义市场经济发展的重要力量，也是推动高质量发展的重要主体。当前，我国经济正处在转变发展方式、优化经济结构、转换增长动力的攻关期，通过统筹协调使用好两个市场、两种资源，拓展国际市场空间不仅成为我国民营经济高质量发展的重要途径，也是民营企业提升自身创新能力和国际竞争力的有效方式。

改革开放四十多年来，中国民间投资和民营经济由小到大、由弱变强，已日渐成为推动中国经济发展、优化产业结构、繁荣城乡市场、扩大社会就业的重要力量。同时，随着中国民营企业不断发展，一些中国民营企业家突破"小富即安、小成即满"的思想，在推进企业发展布局时，更具世界眼光。特别是近年来，随着共建"一带一路"倡议的深入实施，中国民营企业积极"走出去"在沿线地区构建新型国际分工网络，对外交往取得新进展，不仅成为参与"一带一路"倡议建设的生力军，也成为推动和践行"一带一路"沿线地区可持续发展目标的重要力量，矗立在中国参与国际经济分工的前沿和潮头。

2019年4月，习近平总书记在第二届"一带一路"国际合作高峰论坛上指出，面向未来，我们要聚焦重点、深耕细作，共同绘制精谨细腻的"工笔画"，推动共建"一带一路"沿着高质量发展方向不断前进。实施"走出去"和共建"一带一路"倡议合作前景广阔、风景无限。但同时也应该看到，相关国家在经济发展、国家治理、社会发展、人文环境等方面存在较大差异，加之中国民营企业自身国际化经验尚在积累成长之中，走出去难免会遇到一些风险和挑战。为破解民营中小企业国际化发展难题，渡过所谓全球化进程中"艰难的中间地带"做好一些思想和行动上的准备，本套《民营企业"一带一路"实用投资指南》丛书紧紧围绕中国民营企业国际化进程中主要关心的议题，对"一带一路"沿线地区的投资环境和政策法规进行了较为系统的分析，旨在为包括中国民营企业在内的广大中国企业提供高效使用的工具指南，引导服务民营企业百尺竿头更进一步，高质量走出去参与"一带一路"建设。本套丛书在撰写过程中部分参考了商务部国际贸易经济合作研究院和我国驻相关国家使馆经商参处共同编写的《中国对外投资合作国别（地区）指南》，并得到了全国工商联联络部的支持，谨此致谢！

编委会

2020年4月

前　言

　　本书内容涵盖俄罗斯、格鲁吉亚、亚美尼亚、阿塞拜疆、摩尔多瓦、乌克兰、白俄罗斯、蒙古国，共八个国别。上述八国中，除了蒙古国地处东北亚地区，其他七国均横跨欧亚大陆，地缘相近，故统称为"欧亚七国"。

　　"蒙古国和欧亚七国"总面积约1969.6万平方公里，总人口约2.22亿，占全球总人口的3.1%。从GDP总量来看，2018年蒙古国和欧亚七国GDP总量约1.95万亿美元，约占沿线国家的7.6%，占全球的2.3%。蒙古国和欧亚七国总体营商环境良好，多数在世界银行《2018年全球营商环境报告》中位列前100名，当中有五个国家排名前50位，格鲁吉亚更是高居第9位。据世界经济论坛《2017—2018年全球竞争力报告》显示，除蒙古国外，欧亚七国竞争力指数均在100名以内，阿塞拜疆和俄罗斯跻身前50行列。在蒙古国和欧亚七国中，除阿塞拜疆和白俄罗斯外，其余六国均已加入世界贸易组织（WTO）。

　　蒙古国和欧亚七国均是参与共建"一带一路"倡议的国家，在资源禀赋、技术优势、市场范围等方面都和我国有较好互补性。2016年6月，中国、俄罗斯、蒙古国三国签署的《建设中蒙俄经济走廊规划纲要》是"一带一路"倡议下的第一个多边合作规划纲要。2017年5月13日，中国与格鲁吉亚签署的"自贸协定"是"一带一路"倡议提出后签署的首个自贸协定。中国与白俄罗斯共建的"中白工业园"是"丝绸之路经济带"上的明珠。2018年，蒙古国和欧亚七国贸易总额为1.2万亿美元，占"一带一路"沿线国家贸易总额的10%左右，约占全球贸易总额的4.7%。

受历史和地理等因素影响，上述八国在产业和资源禀赋比较优势上体现出一些自身特点。在产业上，除蒙古国外，欧亚七国均曾为苏联加盟共和国，目前属于转型经济体，这些国家工业产业基础较好，如俄罗斯具有强大的国防工业，白俄罗斯有着苏联时期"装配车间"的称号，摩尔多瓦和乌克兰的军工行业也具备相当雄厚的基础，乌克兰还曾是苏联军事工业的重要基地。但总体来看，除阿塞拜疆主要倚重工业外，其余七国三次产业分布总体趋势基本一致，即服务业比重最大，其次为工业、农业。在资源分布上，蒙古国和欧亚七国的森林、渔业、水力和农业资源丰富，多数国家富有能矿资源。俄罗斯探明天然气储量居世界第一，铁、铝、铜、镍等金属矿产的储量和产量均居于世界前列，钾盐储量与加拿大并列世界首位；蒙古国铜、金矿储量居世界前列；乌克兰锰矿石储量居世界前列；格鲁吉亚则有世界闻名的"齐阿土拉"锰矿区；白俄罗斯境内有三十多种矿产分布在四千多个矿区，其中盐岩储量居独联体国家首位。

为帮助我国企业及时有效地把握蒙古国和欧亚七国的投资环境及特点、科学进行投资决策、有效防范相关风险，本书从自然环境和政治局势、基础设施条件和计划、市场规模与需求、投资合作商业机会、贸易和投资政策法规、相关手续和风险防范等方面详细分析了蒙古国和欧亚七国的现状特点和投资合作情况。期待本书能对有意开展对蒙古国和欧亚七国投资合作的中国企业，尤其是民营企业发挥引导作用，成为其了解这些国家的窗口。

CONTENTS

目　录

第一章

自然资源与政治局势

一 自然地理

1. 地理位置和自然风貌

除蒙古国地处东北亚外，其他欧亚七国（俄罗斯、格鲁吉亚、阿塞拜疆、白俄罗斯、摩尔多瓦、乌克兰、亚美尼亚）地处欧亚大陆腹地，地缘相近。蒙古国和欧亚七国国土总面积为1969.6万平方公里，占"一带一路"沿线65个国家和地区总面积（4146.8万平方公里）的比重高达47.5%。其中，俄罗斯濒临大西洋、北冰洋、太平洋的12个海，与中国、哈萨克斯坦、乌克兰和芬兰等14个亚欧国家接壤，国土面积占蒙古国和欧亚七国总和的86.8%，是世界上国土最辽阔的国家。亚美尼亚国土面积最小。

蒙古国和欧亚七国地理环境复杂多样，自然景观衔接过渡。俄罗斯领土36%在北极圈内，荒漠、冻土、草原、森林地带等多种植被地带并存。格鲁吉亚80%的国土为山地、山麓或山前丘陵地带，50%的国土在海拔1000米以上。亚美尼亚国土全境90%的地区在海拔1000米以上，平均海拔为1800米。摩尔多瓦地处平原，境内丘陵起伏，河谷和山谷相间，平均海拔147米；中部为科德腊高地，北部和中部属森林草原带，南部是辽阔的草原。白俄罗斯境内地势平坦，平均高度160米，森林覆盖率达39%，河流与湖泊众多，享有"万湖之国""万河之国"的美誉。

2. 自然资源

多数国家能源矿产资源富集。俄罗斯、阿塞拜疆油气资源丰富，其中俄罗斯探明天然气储量居世界第一，石油探明储量252亿吨，占世界探明储量的

5%。金属矿产方面，俄罗斯铁矿石、铝和黄金蕴藏量分别居世界第一、第二和第四或第五位。蒙古国铜、金矿储量居世界前列。乌克兰锰矿石储量逾21亿吨，居世界前列。格鲁吉亚则有世界闻名的"齐阿土拉"锰矿区。非金属矿产方面，俄罗斯钾盐储量与加拿大并列世界首位，白俄罗斯排名第三。白俄罗斯境内有三十多种矿产分布在四千多个矿区，其中盐岩储量超过220亿吨，居独联体国家首位。俄罗斯煤蕴藏量达到1570亿吨，居世界第二位。

各国资源禀赋各异，森林、渔业、水力和农业资源丰富。森林资源方面，俄罗斯森林覆盖率高达51%，居全球第一。白俄罗斯和格鲁吉亚森林覆盖率均在40%以上，其中白俄罗斯占地面积1165平方公里的别洛韦日自然森林保护区在欧洲享有盛誉。乌克兰植物资源丰富，拥有数十个自然保护区和3万种低级和高级植物。水力资源方面，俄罗斯境内有三百余万条大小河流，贝加尔湖是世界上蓄水量最大的淡水湖。格鲁吉亚矿泉水闻名中东欧国家，水电资源理论蕴藏量1560万千瓦，是全球单位面积水能资源最丰富的国家之一。白俄罗斯全境拥有2万多条河流，拥有1.1万个湖泊。渔业资源方面，俄罗斯生物资源总量为2580万吨，鱼类为2300万吨。阿塞拜疆的里海鲟鱼黑鱼子闻名世界，是阿塞拜疆除石油之外最著名的传统出口产品。农业资源方面，摩尔多瓦土地肥沃，位于世界三大黑土地之一的乌克兰大平原地区，农业自然条件、土地资源优于欧洲农业出口大国荷兰。乌克兰黑土面积占世界黑土总量的27%。见表1-1。

表1-1　蒙古国和欧亚七国自然资源情况一览表

国别	自然资源特点	主要矿产资源
俄罗斯	自然资源十分丰富，种类多，储量大，自给程度高	【油气资源】石油、天然气 【金属矿产】铁、铜、铝、铀、黄金、锰、铅、锌、镍、锡等 【非金属矿产】钾盐、泥炭、磷灰石、棉、石墨、云母、菱镁矿、刚玉、冰洲石、宝石、金刚石等
蒙古国	矿产资源丰富，蒙境内已探明的有八十多种矿产和六千多个矿点	【油气资源】石油、油页岩 【金属矿产】铁、铜、钼、锌、金、铅、钨、锡、锰、铬、铋、铀等 【非金属矿产】煤、萤石、石棉、稀土、磷等
格鲁吉亚	矿产资源较贫乏，森林资源和水利资源相对丰富	【金属矿产】铜、多金属矿石等 【非金属矿产】煤、重晶石等

国别	自然资源特点	主要矿产资源
阿塞拜疆	石油天然气资源极为丰富，渔业野生动物和植物资源较丰富	【油气资源】石油、天然气 【金属矿产】铁、钼、铜、黄金等
白俄罗斯	非金属矿丰富，黑色金属和有色金属矿稀少，石油和天然气能源矿藏少。水力、渔业、森林和动植物资源丰富	【非金属矿产】钾盐、花岗石、白云石、石灰石、泥灰和白垩、防火材料和亚黏土等
摩尔多瓦	自然资源相对贫乏，能源资源和大宗矿物稀缺。境内蕴藏丰富的非金属富矿，农业资源丰富	【非金属矿产】大理石、石膏、玻璃沙土、石灰岩、沙土、硅藻土、陶土等
乌克兰	矿产资源丰富，已探明八十多种可供开采的富矿。农业、植物和动物资源也极其丰富	【金属矿产】铁、锰、镍、钛、铀等 【非金属矿产】煤、汞、石墨、耐火土、石材等
亚美尼亚	亚美尼亚能源资源贫乏，石油和天然气均依赖进口，但金属和非金属矿藏较为丰富	【金属矿产】铁、铜、钼、铅、锌、金、银、锑、铝等 【非金属矿产】火山岩、珍珠岩、玄武岩、花岗岩、黑花岗岩、黑曜石等

资料来源：2018年版《对外投资合作国别（地区）指南》各国分册

3. 气候条件

欧亚七国地处欧亚大陆腹地，与蒙古国气候接近，大部分属典型的温带大陆性气候，如摩尔多瓦、乌克兰、白俄罗斯和俄罗斯西部。俄罗斯因幅员辽阔，气候复杂多样，西北部沿海地区呈现海洋性气候特征，而远东太平洋沿岸则带有季风性气候特点。亚美尼亚属亚热带高山气候，气候随地势高低而异，由干燥的亚热带气候逐渐演变成寒带气候。阿塞拜疆气候呈多样化特征，中部和东部为干燥型气候，东南部降雨较为充沛。格鲁吉亚大部分地区呈高山地带特征，四季分明，气候宜人，被誉为"上帝的后花园"。蒙古国属典型的大陆性温带草原气候，以"蓝天之国"而闻名于世，一年有三分之二时间阳光明媚。见表1-2。

表1-2 蒙古国和欧亚七国气候特征

国别	气候特征	气温
俄罗斯	大部分地区冬季漫长寒冷，夏季短暂、温暖，春秋两季很短	1月平均气温为-37～1℃，7月平均气温为11～27℃，相对湿度30%～80%

续表

国别	气候特征	气温
蒙古国	冬季漫长严寒，气候干燥，常有暴风雪，最低气温可达-40℃；夏季短暂干热，最高气温可达38℃，早晚温差较大。无霜期短，年均降水量250毫米，气候较干燥	首都乌兰巴托冬夏气温悬殊，1月平均气温-20～-15℃，7月平均气温为20～22℃
格鲁吉亚	西部属亚热带地中海式气候，温暖、湿润、多雨，年降水量达1000～2500毫米；东部略显干燥，较凉爽宜人，年降水量在400～1500毫米之间	年平均气温15.8℃左右，其中第比利斯市夏季气温最高可达42℃，冬季最低可达10℃
阿塞拜疆	境内大部分地区全年降水量500毫米左右，少数地区如高加索山脉的高海拔区，以及东南部的连科兰平原全年降雨量可达1000毫米左右	首都巴库冬季温暖，1月平均气温为4℃，7月为27.3℃
白俄罗斯	境内温和湿润，夏季温暖，秋季多雨，冬季多雪。全年降水量因地势高低而异，低地为550～650毫米，平原和高地650～750毫米	1月平均气温为-6.7℃，7月平均气温18℃
摩尔多瓦	年平均降水量北部地区为560毫米，西南部地区为300毫米。年平均日照时间北部地区为2060小时，南部地区为2330小时	年平均气温为8～10℃，其中1月平均气温为-5～-3℃，7月平均气温为18～20℃
乌克兰	大部分地区为温带大陆性气候，克里米亚半岛南部为亚热带气候	1月平均气温-7.4℃，7月平均气温19.6℃
亚美尼亚	年均降水量200～800毫米	1月份平均气温为-2～12℃，7月份平均气温为24～26℃

资料来源：2018年版《对外投资合作国别（地区）指南》各国分册

图1-1　白俄罗斯米尔城堡

二 人口分布

截至2017年末，蒙古国和欧亚七国总人口为2.22亿，占"一带一路"沿线国家总人口的6.7%，占全球总人口的3.1%。其中，俄罗斯（1.47亿）跻身世界前十大人口大国之列。除俄罗斯外，人口上千万的国家仅有乌克兰（4234.6万）。蒙古国地广人稀，是全球人口密度最低的国家之一，其国土面积在八国中排名第二，是亚美尼亚的近53倍，但人口排名倒数第二，仅比亚美尼亚多10万人。见表1–3。

表1–3 蒙古国和欧亚七国人口与国土面积基本情况

国别	人口（万）	国土面积（万平方公里）
俄罗斯	14700	1709.8
蒙古国	320	156.7
格鲁吉亚	373	7
阿塞拜疆	989.8	8.7
白俄罗斯	949.18	20.8
摩尔多瓦	355.3	3.4
乌克兰	4234.6	60.4
亚美尼亚	297.3	3
合计	22219.1	1969.8

资料来源：2018年版《对外投资合作国别（地区）指南》各国分册

三 社会文化

1. 民族

蒙古国和欧亚七国均为多民族国家，主体民族可以国家划分。除主体民族外，各国的少数民族呈现多样性。俄罗斯以193个民族列"一带一路"沿线国家少数民族种类排名第二，其中俄罗斯族占近八成，主要少数民族有鞑靼、乌克兰、巴什基尔、楚瓦什、车臣、亚美尼亚、阿瓦尔、摩尔多瓦、哈萨克、阿塞拜疆、白俄罗斯等。少数民族较多的国家还包括白俄罗斯（140个）和阿塞拜疆（43个）等。其中，白俄罗斯族占白俄罗斯总人口的八成以上；俄罗斯族是白俄罗斯国内第二大民族，占8.2%。阿塞拜疆以阿塞拜疆族（90.6%）为主，其次还有列兹根、俄罗斯、亚美尼亚和塔雷什等少数民族。喀尔喀蒙古族约占蒙古国人口的80%，此外还有哈萨克族、杜尔伯族等少数民族。

2. 语言

俄罗斯、格鲁吉亚和其他5个欧亚国家因其历史原因（均曾为苏联加盟共和国），除将本国主体民族的语言定为官方语言外，多数居民通晓俄语。如格鲁吉亚官方语言为格鲁吉亚语，官方文字为格鲁吉亚文，但居民多通晓俄语。白俄罗斯语和俄语则是白俄罗斯官方语言。喀尔喀蒙古语是蒙古国的官方语言，95%的当地居民使用该语言，文字为斯拉夫蒙语。

3. 宗教

各国宗教信仰与其民族构成息息相关。除蒙古国和阿塞拜疆外，其他六国以信奉东正教为主，伊斯兰教、犹太教、佛教等其他宗教并存。亚美尼亚将基督教定为国教。俄罗斯以信奉东正教为主，也有一定人群信奉伊斯兰教、萨满教、佛教（喇嘛教）和犹太教。蒙古国将喇嘛教定为国教，此外一些居民信奉基督教和伊斯兰教等。阿塞拜疆居民主要信奉伊斯兰教（多属什叶派），但不强调教派间差异，本国俄罗斯、亚美尼亚、格鲁吉亚等少数民族信奉东正教。

4. 习俗

由于蒙古国和欧亚七国风俗习惯受宗教信仰影响较大，因此有共同宗教信仰的国家在某些习俗上也较为接近。如其中大部分欧亚国家中，人们喜赠鲜花，但对鲜花的数量有特别要求，以单数为宜，忌讳双数（只用于葬礼等场合）；忌讳数字"13"（象征凶险和死亡），喜欢数字"7"（寓意带来成功和幸福）；对外交往中注重仪容仪表，讲究衣着整齐；大多保持"女士优先"的良好传统，尊重女性；忌讳打听个人收入、年龄、情感等个人隐私；此外，欧亚七个国家在一些民间的主要节日、禁忌、穿着、饮食、习俗、丧葬等方面也有共通之处。

因民族文化各异，加之历史文化变迁，各国还拥有本国特色习俗。蒙古国、格鲁吉亚人时间观念不强，商务约会时间观念较差，有时不拘小节。格鲁吉亚正式或非正式宴席一般有"酒司令"主持。祝酒词颇为讲究，跨越古今，涉及五花八门，如和平、家庭、友谊、健康和未来等各方面。要求祝酒词不得重复，且必须先获得"酒司令"的批准，否则罚酒。在阿塞拜疆，宴请客人时则多不劝酒。摩尔多瓦人能歌善舞，每逢重大节日，必走上街头跳舞唱歌。摩尔多瓦的民族舞蹈热情奔放，富有诗意，又略显忧郁，充分体现了民族特质。白俄罗斯人对盐十分崇拜，认为盐能驱邪除灾，故对"把盐碰撒"比较忌讳，认为是不祥的预兆。蒙古人忌往火里扔脏东西，忌从火上跨越，忌在火旁放刀斧等锐器。由于自古以来随水草而居，蒙古人特别崇敬水，忌在河里洗澡、洗脏东西。

5. 科教和医疗

欧亚七国的国家科教水平普遍较高，工业基础较好。其中，白俄罗斯早在苏联时期，就是苏联军事工业和重工业发展的重要基地；俄罗斯基础研究、军工和宇航技术在世界上处于领先地位，在微电子和毫微电子、电光绘图新工艺、高温超导、化学、天体物理、超级计算机、分子生物学、气象等领域均取得了具有世界先进水平的科研成果；乌克兰曾经是苏联加盟共和国中科技实力仅次于俄罗斯的科技大国，在航空航天、造船业、机械制造业、新材料的研制和生产、焊接技术、农业科技等方面在世界处于先进水平，如安225运输机是世界上运载量最大的运输机（货舱最大载重250吨）；白俄罗斯是欧亚七国中科技实力比较强大的国家之一，白俄罗斯在机械制造业、化学和石化工业、电子工业、无线电技术、光学及信息技术等领域具有产业优势；亚美尼亚在数学、物理和天文学、生物学、化学等自然科学领域发表的论文数量居于领先地位；摩尔多瓦独立后经济虽然发展缓慢、工业基础薄弱，但由于苏联时期打下的基础较好，在一些领域具有一定的创新能力，近五年内，每年申请的创新型专利数量基本在三百个左右。而蒙古国工业基础较为薄弱，科技发展相对滞后。

各国医疗卫生水平参差不齐。俄罗斯、白俄罗斯等国医疗卫生水平较高，其中俄罗斯是世界上医药卫生事业比较发达的国家，尤其是复杂的眼科手术水平处于世界领先地位。白俄罗斯医疗卫生水平在欧亚七国中位于前列。格鲁吉亚、摩尔多瓦等国因国家资金投入严重不足等原因，医疗设备老化陈旧，医疗条件整体相对落后。然而格鲁吉亚、乌克兰等国私立医院发展迅速，条件较好，但价格昂贵。蒙古国的医疗技术水平一般，医疗设施有待完善，医疗用品主要依赖外国进口，专业医护人员数量不足。

　　各国医疗保障制度各异。上述国家中的大多数医疗机构分为公立和私立两种，居民在公立医院就诊享受不同程度的医疗费用减免。俄罗斯至今保留着国家卫生强制性医疗体制，所有俄罗斯人都有权享受其服务。摩尔多瓦、白俄罗斯实行全民免费医疗制度，如摩尔多瓦医疗保障覆盖面较广，人民享有基本的医疗服务保障。亚美尼亚公立医疗机构属半福利性质，为生活无保障、退休、失业、丧失劳动能力的伤残军人等社会弱势群体和12岁以下儿童提供免费诊断，减免50%的药费。阿塞拜疆原有公立医院大部分已私有化，设立在居民区的公立门诊得以保留，居民在公立医院可享受免费门诊，但须自费购买药品，药品2/3以上为进口，价格较高。乌克兰公立医院占多数，收费较低，普通病房一般免费或只收少量费用，住院病人需自费购买免费用药清单外的药品。此外，苏联卫国战争的老战士、切尔诺贝利核事故的受害者、伤残人员及部分退休人员在乌克兰可享受完全免费医疗。见表1-4。

表1-4　蒙古国和欧亚七国医疗卫生水平一览表

国别	2015年人均医疗健康支出（美元）	2016年人均寿命	2015年全国经常性医疗卫生支出占GDP比重（%）
俄罗斯	1414	63.5	5.6
蒙古国	469.6	61.9	3.9
格鲁吉亚	717.7	64.9	7.9
阿塞拜疆	1191.3	64.9	6.7
白俄罗斯	1084.6	65.5	6.1
摩尔多瓦	515.3	63.6	10.2
乌克兰	469.4	64	6.1
亚美尼亚	883.2	66.3	10.1

　　资料来源：世界卫生组织

6. 社会治安

各国社会总体稳定，治安状况良好。部分国家允许居民持有枪支。阿塞拜疆、亚美尼亚、摩尔多瓦、白俄罗斯、格鲁吉亚等国社会治安总体良好，犯罪率低。其中阿塞拜疆在东欧国家中犯罪率较低，在联合国国际刑警组织统计中属犯罪率较低的国家。白俄罗斯经济社会稳定，人民性格温和，满足于现状，生活、医疗、教育等都有保障，实行民族平等政策，国内民族矛盾较少，故社会治安状况总体良好。蒙古国近年社会贫富分化愈发严重，且2013年以来受蒙古国经济不景气影响，年轻人就业形势严峻，引发诸多社会矛盾和问题，也直接影响到社会治安状况。此外，蒙古国人均酒精饮用量较高，因醉酒引发的社会治安问题频发。乌克兰自2013年末政局动荡以来，社会治安有所恶化，有政治谋杀案件发生，基辅、敖德萨曾发生小规模爆炸事件。偶有中国公民遭盗窃、抢劫、绑架案件。格鲁吉亚、摩尔多瓦、乌克兰等国允许居民合法持有枪支；在亚美尼亚，国家有关机构可以把手枪作为一种荣誉奖品授予相关有功人员，并终生持有；俄罗斯、阿塞拜疆不允许居民持有枪支。

四 政治局势

俄罗斯

俄罗斯当前政局较为稳定，但外交风波不断，美欧对俄罗斯经济制裁不断加码。如俄美就媒体外国代理人事件针锋相对，北约针对俄罗斯进行重大军事部署，美国新安全战略视俄罗斯为主要威胁，继美国指责俄罗斯涉嫌干扰美国总统选举后，英国、法国、德国、西班牙等多国均指责俄罗斯使用最新信息技术干涉其内政。乌克兰危机后，西方国家对俄罗斯实施了涉及政治、能源、金融、军事等领域的多轮制裁。2017年10月，美国国务院公布了新的对俄制裁清单，指明对俄罗斯提供的与北极和大陆架勘探、开采石油直接相关，涉及深水开采项目的任何高新技术、出口各种可能的商品及服务被完全禁止，制裁已延伸至俄罗斯企业的任何交易伙伴。2018年8月，美国以俄罗斯对本国公民违反国际法使用化学武器为由，对俄罗斯实施新一轮制裁，涉及对俄援助、停发出口美国武器等产品许可、金融信贷等领域。俄罗斯对此开始实施反制措施。俄罗斯与西方国家的关系呈现恶化趋势。

此外，针对俄罗斯的恐怖主义袭击愈加频繁，俄罗斯的国家安全依然面临严峻挑战。2017年4月3日在圣彼得堡发生自杀式袭击后，恐怖分子还在多地作案。据不完全统计，2017年俄罗斯发生了24起恐怖主义袭击事件，制止了23起大型恐怖主义袭击和六十多起恐怖主义倾向犯罪，阻止了56个从事秘密活动的小组活动。

蒙古国

蒙古国奉行和平、开放的外交政策。蒙古国大呼拉尔1994年通过的《蒙古国对外政策构想》规定，蒙古国奉行开放、不结盟的和平外交政策，强调"同中国和俄罗斯建立友好关系是蒙古国对外政策的首要任务"，主张同中国、俄罗斯"均衡交往，发展广泛的睦邻合作"。同时重视发展同美国、日本等西方发达国家、亚太国家、发展中国家，以及国际组织的友好关系与合作。2011年，蒙古国家大呼拉尔通过新的《对外政策构想》，基本保留原有基础，并根据新形势进行了补充。将"开放、不结盟的外交政策"拓展为"爱好和平、开放、独立、多支点的外交政策"，强调对外政策的统一性和连续性。明确对外政策的首要任务是发展同俄罗斯、中国两大邻国的友好关系，并将"第三邻国"政策列入构想，发展同美国、日本、欧盟、印度、韩国、土耳其等国家和联盟的关系。

蒙古国内政治的连续性和稳定性较差。蒙古国实行一院制，每逢政府换届，都要对上届政府未实施的议案进行重新审议。这给包括中国在内的外国投资者带来了较大的政策风险。

尤其需要注意的是，蒙古国社会中存在一定的排华情绪，安全形势不乐观。近年来，赴蒙古国从事商务活动、旅游和学习的外国人数量不断增加，针对外国人的盗窃、抢劫、诈骗活动数量也随之攀升。特别是蒙古国当地诸如"蓝色蒙古""泛蒙古运动"等排华、反华组织，经常进行针对中国公民和中资企业的盗窃和抢劫活动。从蒙古国执法部门了解，2016年，中国机构和公民合法权益被侵犯案件共152起，其中财物被盗窃案件39起，被他人殴打案件20起，经济纠纷案件77起，被诈骗或敲诈勒索案件19起，被绑架案件3起，其他被侵害案件6起。

格鲁吉亚

格鲁吉亚外交基本政策是恢复国家统一和领土完整,加入北约和欧盟,加强地区合作的同时兼顾发展与东方国家关系,优先方向是调解冲突问题,重视同阿塞拜疆、亚美尼亚、土耳其和乌克兰等周边国家发展友好合作关系。1992年3月24日格鲁吉亚加入欧安会,5月15日被接纳为北大西洋合作委员会成员,7月31日正式加入联合国;1993年12月9日加入独联体,2009年8月宣布退出;1994年3月23日参加北约"和平伙伴关系计划"。格鲁吉亚努力发展与欧洲安全合作组织、欧洲联盟的关系:1996年4月与欧洲委员会签订《伙伴关系与合作协定》,6月正式申请加入欧盟;1999年4月加入欧洲委员会;2000年6月加入世界贸易组织;2014年6月,格鲁吉亚与欧盟签署《联系国协定》(Association Agreement)。2012年10月格鲁吉亚议会选举后重新组阁,现政府主张改善对俄罗斯关系。在美国和欧盟的约束、支持和推动下,格鲁吉亚新政府对俄罗斯和阿布哈兹、南奥塞梯的政策趋于务实,出台《被占领土国家战略》,承诺放弃以武力解决领土问题,表示愿意与俄罗斯对话。截至2017年3月底,格鲁吉亚已同171个国家建交。

格鲁吉亚与俄罗斯的关系从早期的武装冲突逐步趋于缓和。2008年8月,格鲁吉亚在南奥塞梯地区冲突局势急剧恶化,格军与俄罗斯维和部队在南奥塞梯地区发生大规模武装冲突,之后俄罗斯承认阿布哈兹和南奥塞梯独立,并与两地区分别签署友好合作互助条约。格鲁吉亚退出1994年签订的关于调解南奥塞梯冲突的协议,要求俄罗斯从格鲁吉亚领土撤军。当年8月30日格俄断绝外交关系。直至2010年,第比利斯和莫斯科之间的直航才以包机形式得以恢复。2012年10月伊万尼什维利出任总理后,表示寻求改善对俄罗斯关系,任命对俄罗斯关系特别代表。两国建立工作层会谈机制,迄今已举行多次会谈。

格鲁吉亚党派林立,政权更迭频繁,政治势力和地方形势较复杂。目前,"格鲁吉亚梦想—民主格鲁吉亚"党掌控格鲁吉亚议会、政府与地方,保持一定控局能力。

阿塞拜疆

阿塞拜疆政局稳定。总统阿利耶夫地位稳固,其领导的新阿塞拜疆党拥有广泛民意基础。近年来,阿塞拜疆与亚美尼亚的"纳戈尔诺—卡拉巴赫"领土争端调解未有实质性进展,双方在"纳卡"停火线附近的交火事件时有发生。欧安组织明斯克小组就和平解决"纳卡"争端所进行的外交斡旋陆续获得推进,但无实质性进展。

阿塞拜疆坚持独立自主、多元平衡外交政策。注重发展同俄罗斯的战略合作伙伴关系,积极发展同美国和欧盟合作,将融入欧洲作为对外战略目标。努力发展与土耳其、伊朗和格鲁吉亚等周边邻国的双边关系。积极参与独联体事务。截至2017年底,与阿塞拜疆建交的国家达158个。阿塞拜疆因"纳卡"问题与邻国亚美尼亚敌对,迄今尚未建交。2016年4月初,两国在"纳卡"地区再度爆发军事冲突,双方动用了包括空中力量在内的多种军事力量,战况在短短几天内迅速升级,使得已维系二十多年的"纳卡"停火机制面临彻底崩盘的风险。最终,在多方调停下,阿亚两国于4月5日宣布停火,此次冲突基本平息。2017年10月,两国领导人在欧安组织明斯克小组协调下会见,讨论有关问题。

白俄罗斯

白俄罗斯国内政局保持稳定。1994年开始实行总统制,同年7月,卢卡申科当选首任总统。1996年11月,白俄罗斯举行全民公决,将卢卡申科总统任期延长至2001年。2001年9月,卢卡申科在总统选举中连任。2004年10月,白俄罗斯举行全民公决和议会选举,取消宪法关于总统任期不得超过两届的规定。2006年3月、2010年12月,2015年10月卢卡申科均连任总统。政党在白俄罗斯社会政治生活中影响有限,在白俄罗斯议会中没有固定的议会党团。2016年9月顺利举行议会选举。2018年2月顺利举行地方议会选举。卢卡申科总统执政地位稳固。

白俄罗斯奉行以俄罗斯为重点的多方位外交政策。全面发展同独联体国家和周边国家关系,积极参与独联体地区一体化进程。2014年,白俄罗斯继续发展同俄罗斯的战略联盟关系,并同俄罗斯、哈萨克斯坦积极建设欧亚经济联盟。白俄罗斯与美国、欧盟关系僵冷,2014年虽有所缓和,但无实质性转变。白俄罗斯总统卢卡申科在2016年6月举行的第五届全白俄罗斯人民大会上表示,白俄罗斯需要同美国和欧盟发展正常关系。他强调,欧盟是白俄罗斯第二大出口市场,未来白俄罗斯将努力实现同欧盟关系的全面正常化,并达成基础协议。白俄罗斯继续重视和发展同中国、古巴、委内瑞拉等国的友好合作关系，努力争取外交空间，扩大国际影响。2015年7月10日，上海合作组织成员国元首理事会会议通过决议，决定给予白俄罗斯观察员地位。

摩尔多瓦

摩尔多瓦近年政局动荡。自2000年实行议会制。2014年11月30日举行独立以来的第八次议会选举，社会主义者党、自由民主党、共产党人党、民主党和自由党等5个政党进入议会。2015年1月23日，自由民主党和民主党组成少数派执政联盟——"与欧洲一体化联盟"，民主党副主席坎杜当选议长。因发生3家银行约10亿美元资金不翼而飞的丑闻，2015年首都基希纳乌发生上万人参加的示威抗议活动，导致政府两次倒台。2016年1月新政府组成。3月4日，摩尔多瓦宪法法院宣布修宪，将总统产生方式由议会选举改为全民直接投票选举。10月30日和11月13日，经过两轮投票，摩尔多瓦社会主义者党候选人多东当选新一任总统。

德左地区和加告兹地区分裂主义对摩尔多瓦国家安全造成一定的威胁。1989年8月德涅斯特地区成立"劳动集体联合委员会"，采取罢工行动要求将俄语和摩尔多瓦语一同作为国语。1992年由于德左当局不使用新的摩尔多瓦国旗，内战爆发。摩尔多瓦政府和德左当局就联邦化进行了多次谈判，但对于德左提出的"摩尔多瓦和德涅斯特联邦共和国"国名无法谈拢，加之俄军第14集团军迟迟不肯撤出，德左问题的解决陷入僵局。此外，位于摩南部的加告兹地区也出现过独立迹象。1994年，摩尔多瓦议会通过法律，加告兹成为摩尔多瓦享有特殊地位的自治区。2014年2月2日，加告兹不顾中央政府、最高法院的警告和劝告，在与摩尔多瓦议长、总统以及欧盟代表等进行多轮会谈后，坚持自行组织了全民公投。72%的有投票权的居民参加了投票，其中98%的投票者赞成在摩尔多瓦主权发生变化时，选择加入"俄罗斯–白俄罗斯–哈萨克斯坦关税同盟"。

摩尔多瓦奉行务实外交政策，视融入欧洲为优先方向，重视发展同欧美的关系，2014年4月，获欧盟免签待遇，同年6月，与欧盟正式签署联系国协议和自由贸易协定；积极发展同乌克兰、罗马尼亚的睦邻友好关系；注意巩固同俄罗斯及其他独联体国家的传统联系。

乌克兰

乌克兰政局跌宕起伏。2013年11月底，乌克兰当局宣布暂停同欧盟签署联系国协议，引发大规模抗议示威活动并升级为流血冲突，反对派通过"颜色革命"暴力夺权，亚努科维奇被解除总统职务，导致乌克兰危机爆发。2014年3月16日，根据克里米亚地区（含塞瓦斯托波尔市）全民公投结果，俄罗斯迅速接收该地区为新联邦主体。5月11日，乌克兰东部顿涅茨克、卢甘斯克两州举行公投，宣布成立"人民共和国"。5月25日，在第六届（非例行）总统选举中，亿万富翁、无党派人士波罗申科当选总统。波罗申科就任后表示首要任务是结束战争和混乱局面，恢复和平；反对乌克兰实行联邦制。7月17日，马来西亚航空公司一架班机在顿涅茨克州距乌俄边境约50公里处坠毁，乌克兰局势更加复杂敏感。当局推进东南部地区"反恐行动"造成大规模流血冲突。在国际社会努力下，乌克兰冲突双方于9月初在明斯克达成停火协议，但小规模交火仍时有发生。9月，议会通过法案，赋予东部民间武装控制部分地区的特殊地位，但未得到东部积极回应。11月2日，东部民间武装控制的"顿涅茨克人民共和国"和"卢甘斯克人民共和国"自行举行地方领导人和议会选举。乌克兰政府和以美国为首的西方国家予以谴责，俄罗斯表示尊重选举结果，并希望乌克兰政府尽快与东部新当选领导人开展对话。随后波罗申科总统签署命令废除东部"特殊地位法"，当局与东部民间武装交火频繁。2015年2月12日，俄乌德法四国领导人在明斯克举行会谈，最终就缓和乌克兰东部地区冲突达成共识。明斯克联络小组俄、乌、欧安组织三方代表以及乌克兰东部民间武装领导人，签署履行2014年9月明斯克停火协议的一揽子措施文件，四国领导人发表声明支持，随后乌克兰东部战事趋于缓和。此后，四国领导人多次会晤，但未取得实质性进展。2014年10月，乌克兰顺利举行第八届议会选举。波罗申科总统领导的"波罗申科集团"、亚采纽克总理领导的"人民阵线"以及"自助党""反对派联盟""激进党""祖国党"等6个政党进入议会。2016年2月，乌克兰议会对亚采纽克总理进行不信任投票表决，但未获通过。随后"祖国党""自助党""激进党"先后退出执政联盟。2016年4月，亚采纽克宣布辞职。随后议会表决通过由前议长格罗伊斯曼担任总理，原第一副议长帕鲁比出任议长。

乌克兰自独立以来，政局跌宕起伏，对外政策也有不同程度调整。总体而言，乌克兰始终奉行以融入欧洲为目标、以保障本国安全利益和振兴民族经济为基本、以大国关系为支点的全面外交战略。亚努科维奇当选总统后（2010年1月至2014年2月），奉行以大国关系为重点，寻求东西方战略平衡的外交政策。波罗申科就任总统以后（2014年5月至2019年4月），乌克兰政权视美国为首的西方为外交优先方向，坚定推进加盟入约；谴责俄罗斯，拒不承认克里米亚并入俄罗斯，积极争取国际社会同情和支持；寄希望于美欧助其维护国家主权、安全和领土完整，防范俄罗斯。2015年12月23日，乌克兰议会以绝对多数票通过放弃不结盟地位法案，决定加强与北约合作。2016年1月1日，乌欧联系国协定的经济部分全面生效。2018年4月12日，乌克兰总统波罗申科表示，乌克兰将正式退出独联体，并将关闭位于白俄罗斯明斯克的乌克兰驻独联体总部各相应机构的代表处。因克里米亚和乌克兰东部问题，乌俄关系已降至历史低点。2014年起，两国彼此相继启动了多轮制裁与反制裁措施，同时，因克里米亚并入俄罗斯，导致美欧启动对俄罗斯制裁至今。在乌俄层面，双方先后启动了农食品禁运、中断航空直航、俄罗斯禁止乌克兰出口中亚国家货物过境运输等；因2016年1月1日乌克兰与欧盟自贸区生效，俄罗斯暂停了与乌克兰之间的自由贸易协定；此外，对于乌克兰不承认主权属性、不按期偿付俄罗斯30亿美元债务，俄罗斯已诉诸第三方法院，初步裁定该债务为主权债务。2017年初，乌克兰政府军与东部反政府武装冲突一度升温，俄罗斯宣布暂时承认乌克兰分离主义势力发行的护照和旅行证件，乌克兰政府宣布对东部实施交通封锁；2017年3月，乌克兰以俄资银行同意为持有分裂主义势力发行的护照办理业务为由，宣布对俄罗斯国有银行在乌克兰子银行采取临时限制措施。俄资银行进而全面撤离乌克兰，5月4日俄罗斯禁止通过外国支付系统自俄罗斯向乌克兰汇款法案生效。

亚美尼亚

亚美尼亚政局渐趋稳定。2018年4月亚美尼亚改行议会制，执政的共和党主席、卸任总统谢尔日·萨尔基相转任总理，引发反对派强烈抗议，就任7天后被迫辞职。5月8日，亚美尼亚议会进行新一届总理选举，抗议活动领袖帕什尼扬作为唯一候选人当选。帕什尼扬随即任命新政府成员，并获总统批准。6月7日，亚美尼亚议会审议通过新政府施政纲领。新政权将促进经济持续发展、打击腐败、改善民生和社会保障、加强军队建设、筹备非例行议会选举等列为政府工作目标。

　　亚美尼亚奉行以俄罗斯为重点的平衡外交政策，努力巩固与俄罗斯的战略同盟关系，2015年1月正式加入俄罗斯主导的欧亚经济联盟。同时，积极发展同美国及欧盟的关系，参加北约"和平伙伴关系"框架内的各项活动，寻求安全政策多元化。亚美尼亚与邻国阿塞拜疆和土耳其没有外交关系，亚美尼亚主张在欧安组织明斯克小组框架下通过政治谈判解决"纳卡"争端，表示愿不设前提条件与土建立外交关系，呼吁土耳其开放两国边界，要求土耳其承认1915—1923年奥斯曼土耳其帝国对亚美尼亚族人实施的"种族灭绝"。亚美尼亚积极发展与格鲁吉亚和伊朗的睦邻友好合作关系，深化与东欧、中东国家的联系，积极参与独联体、欧安组织、欧洲委员会、黑海经济合作组织等多边组织事务。

第二章

基础设施条件与计划

一 交通运输

1. 公路

　　蒙古国和欧亚七国交通运输基础设施多为苏联时期建设，陈旧落后，年久失修，成为各国发展的重要瓶颈。俄罗斯、蒙古国、亚美尼亚、乌克兰等国的公路交通建设和路面养护存在不同程度的问题。俄罗斯公路交通落后，据安永（EY）会计师事务所数据，俄道路交通基础设施位居世界第111位，近30%的公路质量不符合养护标准。蒙古国地旷人稀，公共交通运输和能源电力业生产成本较高。基础设施发展仍处于起步阶段，道路基础设施建设仍沿用苏联时期建设成果，尚未形成联通全国的运输网络，多数道路路况较差，成为制约蒙下一步经济增长的重要因素。亚美尼亚公路全部为苏联时期修建，路况较差，无标准意义上的高速公路。除国际级公路和大部分国家级公路路况保持畅通外，其余路段，尤其是农村地区公路，由于缺乏养护，路面坑洼不平，难以行驶。近几年，为促进经济发展，亚美尼亚政府利用国际贷款进行了大规模道路改造。乌克兰一直是欧洲道路安全状况最差的国家之一，全国主要公路路面破损率约为55%，全国12%的交通事故是由路面损坏直接导致，究其原因，一是资金不足，全国近94%的公路需整修或重修；二是昼夜、季节温差较大，不利于路面保养，据乌克兰国家公路署统计，平均每周有1500~2000公里道路路面遭到损坏；三是运输工具载重超标现象严重，导致各级公路实际使用年限仅为6~10年，远未达到12~18年的设计年限。其他国家交通运输状况，见表2-1。

表2-1 蒙古国和欧亚七国公路陆路运输基础设施现状

国别	公路
俄罗斯	俄罗斯公路网总里程165.9万公里,近30%的公路质量不符合养护标准。公路主要位于欧洲部分,共有25条与芬兰、乌克兰、白俄罗斯、立陶宛等欧洲国家公路相连。仅有少数几条与哈萨克斯坦、中国等亚洲国家相连
蒙古国	2017年,蒙古国公路运输收入5064亿图,同比增长8.5%,运输货物3121万吨,同比增长53%,运送旅客2.12亿人次,同比减少18.6%;蒙古国分别同中国和俄罗斯之间设有多个边境口岸,公路联结和通关较为便捷。目前中蒙两国共有13个公路口岸
格鲁吉亚	格鲁吉亚公路总长20329公里,其中国际公路1500公里,国家公路3326公里,地方公路15439公里。格鲁吉亚尚无封闭式高速公路。格国际公路主要通往土耳其、阿塞拜疆、亚美尼亚和俄罗斯
阿塞拜疆	2017年阿塞拜疆全国公路总里程5.9万公里,其中,2.9万公里为硬化路面。阿城郊公路总长为1.9万公里,其中,国家级干线和区域级干线的总长为4645公里,地方级公路总长14357公里
白俄罗斯	白俄罗斯公路网全长10.1万公里,其中硬化路面8.69万公里,占公路总长度的86%,硬化路面公路密度为42公里/百平方公里。2017年,公路货运量16.67亿吨,同比增长2.52%;公路客运量11.75亿人次,同比增长1.17%,占客运总量的59.71%。白俄罗斯境内有5条欧洲国际公路,全长1841公里。白俄罗斯从2013年8月1日起,公路电子缴费系统BelToll投入运营。届时缴费公路总长度达815公里,其中包括M1/E30公路布列斯特—明斯克—俄罗斯边境总长609公里路段
摩尔多瓦	摩尔多瓦公路总里程为16800公里,其中3666公里为国道,其余为地区间公路。67%的国道和75%的地区间公路处于损坏待修状态
乌克兰	乌克兰公路里程为16.9万公里,其中,2.1万公里为国家级公路,14.8万公里为地方级公路。乌克兰共有23条国际公路,总长度8093.9公里。2017年公路实现货运量1.76亿吨,同比增加12.7%,货物周转量411.79亿吨公里,同比增加9.36%。客运量20.18亿人次,同比下降0.3%,客运周转量3.5亿人公里,同比增长2.5%
亚美尼亚	亚美尼亚公路总长为7570公里,其中1803公里为国际公路、1966公里为国道、3801公里为地方公路。2017年亚美尼亚公路货运量为2359.8万吨,同比增长45.2%。其中境内运量2096万吨,出境运量60.4万吨,入境运量203万吨。公路客运量1.76亿人次,同比下降3.8%

资料来源:2018年版《对外投资合作国别(地区)指南》各国分册

2. 铁路

蒙古国和欧亚七国铁路基础设施水平不一。乌克兰继承了苏联时期发达的铁路运输交通网络,其铁路密度曾在独联体国家中名列第一,在欧洲也位居前列。全国共有6条铁路主干线，全长21640.4公里。据世界经济论坛发布的《2017—2018年全球竞争力报告》，俄罗斯铁路基础设施水平位居世界第23位。截至2017年底，俄罗斯公用铁路网总运营里程为8.6万公里（仅次于美国、中国，排名世界第三位）。蒙古国铁路目前运载能力已不能满足不断增长的运量需求，且线路设备和技术老化问题凸显。近年来蒙矿产品出口规模不断扩大，亟须修建新铁路解决当前出现的矿产品运输成本高、运输效率低等问题。阿塞拜疆40%以上铁路实现电气化，其中近七成处于不能正常使用状态，长度约占全国铁路总长的三分之一。摩尔多瓦是欧洲国家中少数没有实现铁路电气化的国家之一，较落后的铁路设施日益成为阻碍摩尔多瓦入欧进程的重要因素之一。见表2-2。

表2-2　蒙古国和欧亚七国铁路运输基础设施现状

国别	铁路
俄罗斯	俄罗斯公用铁路网总运营里程为8.6万公里，电气化铁路里程4.4万公里，占比51.2%。目前共有11条国际铁路干线与芬兰、立陶宛、乌克兰、白俄罗斯、阿塞拜疆、蒙古国、中国、朝鲜等国家相连，主要是十月铁路、北高加索铁路、莫斯科铁路、伏尔加河流域铁路、跨西伯利亚铁路、贝阿铁路
蒙古国	蒙古国境内现只有两条铁路，一条为乌兰巴托铁路，另一条为自乔巴山向北至蒙俄边境口岸铁路，两条铁路总里程共计1811公里。现有铁路均使用俄罗斯标准的1520mm宽轨铁轨，不能直接同中国境内1435mm标轨铁路直接对接，需进行车厢换装。蒙古国铁路运输现主要依赖乌兰巴托铁路一条铁路，该铁路全长1811公里，蒙古国境内共1110公里，承担了铁路货运和客运运输需求。2017年，蒙古国铁路运输收入5291亿图，同比增长21.1%，运输货物2270万吨，同比增加13.6%，运送旅客262万人次，同比下降0.8%
格鲁吉亚	格鲁吉亚拥有铁路总长2344公里，全部为电气化路段。其中宽轨2307公里（轨宽1524mm），窄轨37公里（轨宽912mm）。目前实际使用的主要铁路长2153公里，铁路桥1422座，隧道32个，乘客站22个，货运站114个。格鲁吉亚铁路线直通西部波季和巴统两个港口，并与邻国俄罗斯、亚美尼亚、阿塞拜疆和土耳其相通。2015年格鲁吉亚铁路公司收入5.75亿拉里（约合2.4亿美元）。2015年格鲁吉亚铁路货运量1410万吨，同比下降15.6%，2016年铁路货运量1190万吨，同比下降15.6%
阿塞拜疆	2017年阿塞拜疆国内铁路总长2929.4公里，其中2099.7公里为正在使用中的铁路，815公里为双轨铁路，1650公里的铁路配备了自动信号系统，电气化铁路约1300公里长
白俄罗斯	白俄罗斯铁路总长5490公里，其中1013公里为电气化铁路，铁路网密度为2.6公里/百平方公里。2017年，铁路货运量1.46亿吨，占货运总量的33.3%；铁路客运量8050万人次，同比减少1.59%，占客运总量的4.1%

续表

国别	铁路
摩尔多瓦	全国铁路运营线总长1318公里,年运出货物能力为1380万吨(占外运货物运输量的95%),运进能力2450万吨,运送乘客1010万人次。铁路通达乌克兰的敖德萨、基辅、利沃夫和罗马尼亚。摩尔多瓦是欧洲国家中少数没有实现铁路电气化的国家,摩尔多瓦较落后的铁路设施日益成为阻碍摩尔多瓦入欧进程的重要因素之一
乌克兰	全国共有6条铁路主干线,全长21640.4公里,其中电气化干线9878公里,占45%。2017年铁路货运量3.395亿吨,同比减少1.1%,货运周转量1919.141亿吨公里,同比增长2.3%,客运量1.65亿人次,同比减少2%,客运周转量280.434亿人公里,同比增加3.6%
亚美尼亚	亚美尼亚共有铁路1328.6公里,其中780公里为干线铁路,目前运营的铁路为726公里,平均时速约45公里。2017年亚美尼亚铁路货运量为264万吨,同比增长1.1%。其中境内运量142.7万吨,出境运量38.5万吨,入境运量82.7万吨。铁路客运量为36.7万人次,同比增长4.2%

资料来源:2018年版《对外投资合作国别(地区)指南》各国分册

3. 空运

蒙古国和欧亚七国航空设施发展特点各异。俄罗斯机场数量最多,总共有232个,其中71个为国际机场。俄罗斯航空集团公司是俄罗斯的载旗航空公司(国家航空公司),也是欧洲最大的航空公司集团之一。阿塞拜疆拥有外高加索地区最大机场,现有6个机场,其中盖达尔·阿利耶夫国际机场为全国最大的机场,于2017年5月被国际航空运输评级组织Skytrax评为5星级机场。中国与亚美尼亚、摩尔多瓦等国尚未开通直达航线。

蒙古国和欧亚七国航空运输设施状况,见表2-3。

表2-3 蒙古国和欧亚七国航空运输基础设施现状

国别	空运
俄罗斯	俄罗斯机场总数232个,其中国际机场71个。现有航空公司46家,其中年运力超过100万人次的大型航空公司11家。2017年,航空客运量1.05亿人次,同比增长18.6%,其中,国际客运量4248.4万人次,同比增长32.1%;国内客运量6256.8万人次,同比增长10.9%。客运周转量2593.85亿人公里,同比增长20.3%。货运量76亿吨公里,同比增长15.2%
蒙古国	2017年,航空运输收入3222亿图,同比增长12.28%,运输货物3100吨,同比减少0.5%,运送旅客82.54万人次,同比增长22.6%

国别	空运
格鲁吉亚	格鲁吉亚目前有国际机场3个，有6家格鲁吉亚国内航空公司和26家外国航空公司在格鲁吉亚经营航空业务。2017年格鲁吉亚境内机场抵离港旅客407.4万人次，同比增长43.4%。其中，第比利斯国际机场抵离港旅客316.4万人次，同比增长40.4%；巴统国际机场抵离港旅客49.6万人次，同比增长58.7%；库塔伊西国际机场抵离港旅客40.5万人次，同比增长49.3%
阿塞拜疆	阿塞拜疆现有6个机场。2017年阿塞拜疆国内航空公司完成客运总量236万人次，同比增长19.1%
白俄罗斯	白俄罗斯有7个国际机场，3家航空公司。2017年航空货运量5.5万吨，同比减少3.51%；航空客运量300万人次，同比增长20%，占客运总量的0.15%
摩尔多瓦	摩尔多瓦目前年运送旅客20万～25万人次，90%的业务是国际客运
乌克兰	乌克兰共拥有34个民用机场，其中22个为国际机场。2017年航空客运量1060万人次，同比增长27.5%，客运周转量203.457亿人公里，同比增长31%；货运量10万吨，货运周转量2.727亿吨公里
亚美尼亚	2017年，亚美尼亚空运货物量为2.24万吨，比上年增长22.4%。其中出境运量1.7万吨，入境5400吨。客运量为255.4万人次，同比增长20.6%

资料来源：2018年版《对外投资合作国别（地区）指南》各国分册

图2-1　俄罗斯机场

4. 水运

部分国家不具备内河航运条件，摩尔多瓦等国港口发展前景良好。蒙古国、亚美尼亚等国系内陆国家，其中亚美尼亚河流很小，加之地势原因，目前尚无河道运输。港口方面，阿塞拜疆拥有里海最大港口。摩尔多瓦的朱朱列什蒂国际自由港是摩唯一可以停泊远洋船只的港口，拥有一个成品油码头和一个干货码头，拟将港口周边地区建设成为自由经济区，利用地缘优势加工后向周边国家和地区出口。独特的战略位置、呈三角形的向四周扩散的运输路线（水运、公路、铁路）、低价位的服务、特殊的关税制度，使该港口具备良好的发展前景。见表2-4。

表2-4　主要国家水运基础设施现状

国别	水运
俄罗斯	俄罗斯内河通航里程为10.2万公里。2017年底，俄罗斯港口吞吐能力突破10亿吨，达10.25亿吨
格鲁吉亚	格鲁吉亚在黑海有波季和巴统两个港口，通往世界多个港口。2016年波季港货物吞吐量630万吨，同比下降8%。巴统港区水深12米，有12个泊位，最大可泊5万吨货轮、5.5万吨油轮。巴统港以运输石油为主，设计最大年输油能力1500万吨，货物230万吨，摆渡70万吨。2016年巴统港货物吞吐量560万吨，同比下降2%
白俄罗斯	白俄罗斯内河水运网长约2000公里，通过10个河港将旅客和货物运到沿河各居民点和货物加工点。2017年，内河货运量201.9万吨，同比减少5.83%。白俄罗斯为内陆国家，没有出海口，白俄罗斯出口到独联体以外国家的货物主要通过立陶宛的克莱佩达港运输
摩尔多瓦	摩尔多瓦主要有两条河流：普鲁特河和德涅斯特河。普鲁特河全长953公里，在摩尔多瓦境内共有716公里；德涅斯特河全长1411公里，摩尔多瓦境内为640公里。内河航线全长1356公里，已全程实现航运。朱朱列什蒂国际自由港是摩尔多瓦唯一可以停泊远洋船只的港口，拥有一个成品油码头和一个干货码头：成品油码头可以停靠1万吨位的海轮，并通过管道系统与油库和卡车转载设施相连接，8个油罐的总存储能力为63600立方米，年最大转运能力超过百万吨；建成了多功能用途的干货码头，包括6个泊位，其中一个泊位水深7米，服务于海轮，另外5个泊位水深3到5米，服务于江轮，总存储能力为：散货开放存储区域5600平方米，集装箱和杂货开放存储区域2700平方米，仓库2000平方米
乌克兰	乌克兰濒临黑海和亚速海，海岸线长达两千多公里，主要商业港口共18个。内河总通航里程为1672公里。2017年，乌克兰海运发送旅客60万人次，同比增长22.9%，客运周转量3030万人公里，同比减少0.2%。货运量590万吨，同比减少11.9%，货运周转量42.571亿吨公里，同比增长6.3%
亚美尼亚	亚美尼亚系内陆国家，河流很小，加之地势原因，目前尚无河道运输

资料来源：2018年版《对外投资合作国别（地区）指南》各国分册

二 能源电力

蒙古国和欧亚七国在电力供应、电源结构等方面有所差别。电力供应方面，除蒙古国和摩尔多瓦外，其余六国基本实现电力自给自足，有不同程度的电力盈余，可对外出口电力，但格鲁吉亚和亚美尼亚等国存在季节性电力缺口以及断电现象。俄罗斯是电力生产大国，与所有邻国电网相连，互联互通，电力有进有出。格鲁吉亚电力供应基本充足稳定，2007年格鲁吉亚首次成为电力净出口国，约5%的电力出口国外，但冬天仍需要进口电力。亚美尼亚是外高加索地区唯一的电力出口国，电力资源丰富，电力生产是其支柱产业，也是政府重点扶持和发展的项目。但由于输配电网线路陈旧老化，常有断电情况发生。蒙古国、摩尔多瓦因电力基础设施配套落后、能源自给率低等因素，尚未实现能源自给自足，需进口电力。蒙古国虽煤炭资源储量丰富，但国内电力基础设施建设和配套较为落后，很多发电机组设备仍沿用苏联时期建造，尚不能满足国内电力自给自足，部分电力需从中国和俄罗斯进口，目前仍有2个省、四十多个县未接入中央电力系统。苏联解体前，摩尔多瓦的电力、热力生产可满足本国的需求，并略有盈余以供出口。独立后，摩尔多瓦工业生产所需能源几乎全部依赖进口，本国的能源自给率仅为3%，电力进口比重约80%。

电源结构方面，各国依据自身天然禀赋，电源结构不尽相同。格鲁吉亚大力发展水电，电力供应已基本能满足本国经济和社会发展需要。蒙古国火力发电占比高达93%。除火力发电外，蒙古国还致力于发展可再生能源。阿塞拜疆90%为火力发电，其余为水电、风电和太阳能发电。白俄罗斯由于自身燃料资源、水资源和核能发电站储备严重匮乏，电力能源中进口的天然气发电份额高达90%。为此，政府决心优化能源结构和供应，广开油、气来源，并发展自己的核电，进一步开发生物能、风能、水电等。亚美尼亚的核电站一直被欧盟要求关闭，但亚美尼亚与俄罗斯签署了延长核电站使用寿命的双边协议，核电站将一直使用到2026年。此外，乌克兰是俄罗斯向欧盟输送天然气的主要过境国，天然气管道总长达3.76万公里，居欧洲第二。见表2-5。

表2-5　蒙古国和欧亚七国能源电力现状

国别	能源电力
俄罗斯	2016年电站总装机容量为2.36亿千瓦，同比增长0.4%，发电量1.087万亿千瓦时，同比增长2%，电力出口177亿千瓦时，同比下降3%。俄罗斯与所有邻国电网相连，互联互通，电力有进有出
蒙古国	蒙古国尚不能满足国内电力自给自足，部分电力需从中国和俄罗斯进口。蒙古国的电力供应主要由中部、西部、东部区域的电力系统组成，目前仍有2个省、四十多个县未接入中央电力系统。蒙古国电力装机容量110万千瓦，其中93%为火力发电，5.8%依靠进口。2012年至今，蒙古国发电装机容量增加30%，火电装机容量增加40%，电力用户数量增长4%，能源领域企业销售收入增加58.1%
格鲁吉亚	格鲁吉亚电力供应基本充足和稳定，用量大的用户还能直接与发电厂签署直供合同降低成本。2017年，格鲁吉亚国内总消费电力119亿千瓦时，同比增长7.7%。电力出口达7亿千瓦时，较去年提高22.7%。由于耗电量上升、冬季因素影响，以及水电站发电量同比减少7.5%，格鲁吉亚2017年电力进口较去年同期提高3.1倍，达到15亿千瓦时。截至2016年底，格鲁吉亚与周边国家跨境输电容量为174万千瓦，预计2020年将达到450万千瓦。目前，格鲁吉亚共有17个在建水电站，总装机容量约52.3万千瓦。中资企业在格鲁吉亚投资设厂无需自备发电设备
阿塞拜疆	阿塞拜疆能源供应充足，电力供应能满足国内需求。全国电力总装机容量810万千瓦。目前有10个水电站和14个火电站，以及两百多个功率分别为500、330、220和110千瓦的变电站。2017年阿塞拜疆生产电力225.5亿千瓦时，同比减少2.3%，其中销售用电216亿千瓦时，同比减少2.3%。火电为198.3亿千瓦时，同比下降1.2%；水电为17.2亿千瓦时，同比下降10.1%；风电为116万千瓦时，太阳能发电为4000万千瓦时。2017年阿塞拜疆出口电力11.6亿千瓦时
白俄罗斯	电力是白俄罗斯燃料能源工业的核心，也是国民经济主要支柱领域之一。2017年，白俄罗斯发电量为335.7亿千瓦时。现有32个火电站（包括3个冷凝电站和29个热电站），总装机容量为784.3万千瓦时，人均不足1千瓦，在全球人均净装机容量方面排在80名左右；同时还有一些小型电站和22个水电站。发达的电力传输网络和基础设施是白俄罗斯发展电力的良好条件。白俄罗斯首座核电站于2018年12月投入运营
摩尔多瓦	2013年，摩尔多瓦本国的电力生产同比下降2.9%，进口电力33.31亿千瓦时，比上年增长1.5%。摩尔多瓦共有三条输送线路：红色北方线、红色西北线和红色FENOSA联合线路。摩尔多瓦修建了从罗马尼亚进口天然气的管道，管道全长43.2公里，其中，摩尔多瓦境内长10.4公里，建成后年输送从俄罗斯进口的天然气15亿立方米。工程于2013年5月开始建设，2013年底内管道完工，目前已开始输送天然气

续表

国别	能源电力
乌克兰	乌克兰是俄罗斯向欧盟输送天然气的主要过境国，天然气管道总长达3.76万公里，居欧洲第二，每年可输入2900亿立方米天然气，输出1750亿立方米。输油管道约4000公里，石油产品输送管道4500公里，地下储气库13个。2017年乌克兰管道运量共计1.148亿吨。乌克兰是电力生产大国，2017年乌克兰发电量为1554.142亿千瓦时，同比增长0.4%。2017年乌克兰的电力出口2.219亿美元，达51.663亿千瓦时，主要出口国为匈牙利、波兰和摩尔多瓦等国
亚美尼亚	2017年发电量为78亿千瓦时，同上年基本持平。其中火力发电28.7亿千瓦时，占36.8%；水力发电22.69亿千瓦时，占29.1%；核能发电26.2亿千瓦时，占33.6%。亚美尼亚政府计划新建一座核电站。新核电站机组额定功率为2个机组各600兆瓦，全部采用欧洲安全标准，总投资约57亿～72亿美元

资料来源：2018年版《对外投资合作国别（地区）指南》各国分册

三　网络通信

蒙古国和欧亚七国通信网络容量和普及率因人口、市场开放程度和技术条件而异。俄罗斯人口规模庞大，成为市场容量第一大国，移动通信普及率最高。2017年移动通信用户为2.55亿户，移动通信普及率超过100%，平均每人拥有不止一部手机。宽带接入服务市场规模达到1301亿卢布，普及率68%，在俄罗斯使用移动数据上网资费比美国便宜约九成，比德国便宜约六成。通信业是阿塞拜疆成长速度最快的产业之一。据2017年"信息通信技术发展指数（IDI）排行"显示，阿塞拜疆以6.20分位居第65位，在发展中国家中排名第23位，在独联体国家中排名第5位，移动通信普及率达111.1%。但阿塞拜疆原有固定电话通信网设施老化，近年政府正进行重点技术改造。白俄罗斯移动业务发展迅速，移动通信用户渗透率已达117%，3G网络已覆盖白全境，4G网络已在部分地区推广应用。中国的华为技术股份公司和中兴通讯股份公司均在白俄罗斯设有分公司。摩尔多瓦通信信息市场全面开放，包括线路的光缆铺设、因特网宽带接入、数字电视以及生物特征护照的实施等。无线通信已覆盖亚美尼亚全境，2015年亚美尼亚互联网普及率为69.4%。此外，亚美尼亚邮政系统发达，覆盖全境并拥有900个分理处（局）。格鲁吉亚电信市场开放程度较高，已全部实现私有化，允许外资控股经营管理。见表2-6。

表2-6 蒙古国和欧亚七国网络通信现状

国别	网络通信
俄罗斯	据TMT咨询公司统计,2017年俄罗斯电信市场规模约为1.62万亿卢布(约合278亿美元),同比增长1.3%。全国固定电话保有量为2840万部,同比减少10.5%;手机保有量达2.6亿部,同比增长1.7%。据AC&M咨询公司统计,2017年移动通信普及率达179%,互联网用户达8770万人,同比增长3.1%,移动设备上网比例超过固定设备。其中,移动互联网用户达6600万人,占比75%。2017年,俄罗斯固定互联网接入用户量为3090万户,其中宽带接入用户为3060万户。据TMT咨询公司统计,2017年俄罗斯宽带接入服务市场容量1301亿卢布,普及率68%,人均月租费339卢布
蒙古国	2017年,蒙古国通信领域收入为8056亿图,同比增长5.4%。固定电话网线共31.27万条,有线电视用户共48.72万户,移动电话用户共370万户,永久互联网用户共290万
格鲁吉亚	截至2018年5月,格鲁吉亚移动电话用户数为496.5万户,移动互联网用户数为192.9万户,占全部用户数的38.9%,格鲁吉亚固定电话用户数为70万户。截至2018年5月,格鲁吉亚互联网宽带用户数为65.7万户。近年来,随着网络和电子通信业的快速发展,邮政业务已大幅萎缩。格鲁吉亚全国约有350个邮局/所
阿塞拜疆	2017年阿塞拜疆网络通信产业全行业实现产值17.25亿马纳特(约10.15亿美元),同比增长6.6%。移动通信收入8.56亿马纳特,同比增长4.4%。互联网服务供应商由于无法获得足够带宽资源,数量近年下降了15%。阿塞拜疆移动通信市场发展迅速,平均每百人拥有111.1部手机。截至2016年底,阿塞拜疆全国网络普及率达75%,固定宽带网络普及率为26.13%,移动宽带渗透率40%,智能终端渗透率55%。62.4%的家庭拥有电脑,76.7%的家庭有网络接入。其中,70.6%的居民使用宽带上网,25.4%和3.7%的居民分别通过手机和DIAL-UP方式上网。阿塞拜疆对网络使用限制较少
白俄罗斯	白俄罗斯移动通信事业发展迅速,移动通信用户渗透率已达117%。截至2017年底,手机用户达1142万。3G网络可覆盖白俄罗斯全境,能提供良好的无线通话和网络服务,4G网络已在部分地区推广应用。中国的华为技术股份公司和中兴通讯股份公司均在白俄罗斯设有分公司
摩尔多瓦	2015年,每百人移动电话拥有量约108部,每百人互联网用户数约50人。摩尔多瓦现有三家移动通信运营商:Orange、MoldCell及Moldtelecom (MTC)
乌克兰	乌克兰邮政总公司在全国27个行政区划均设有分支机构,共有1.2万多个邮政营业网点,其中9000个分布在农村,共有7.3万名员工,年投递2亿封邮件,1540万个包裹。2017年邮政业营业收入为55.215亿格里夫纳。此外,私营企业"新邮政"公司发展很快。2017年乌克兰通信服务总营业额660.409亿格里夫纳,其中移动电话营业收入340.771亿格里夫纳。截至2018年1月1日,移动电话用户为5571.47万户,互联网用户为2262.58万户。2017年全年互联网及数据业务营业收入为108.179亿格里夫纳,占通信服务总收入的16.3%

续表

国别	网络通信
亚美尼亚	2017年，亚美尼亚电信业产值为1360亿德拉姆（约合2.82亿美元），同比下降4.9%，其中移动电信业务占45.5%。固定电话用户共约70万用户，主要集中在城市（固话普及率超过90%），农村电话用户很少。2017年固话业务产值122.3亿德拉姆，同比下降17.2%。2017年移动电话业务产值618.18亿德拉姆（约合1.28亿美元），同比下降23.7%。2015年互联网用户220万，约占总人口的69.4%。邮政系统发达，覆盖全境并拥有900个分理处（局）

资料来源：2018年版《对外投资合作国别（地区）指南》各国分册

四　发展规划

　　蒙古国和欧亚七国基础设施新建和更新需求旺盛，依据自身基础设施发展状况，制定了交通、能源、科技等各领域基础设施发展规划，并各有侧重。俄罗斯在交通运输、科技创新、信息化及电力能源等领域均有规划出台：交通运输方面，在原有《2030年前俄罗斯交通运输发展战略规划》的基础上，政府于2017年确定了新版国家交通体系发展计划；科技创新方面，2011年末出台《俄罗斯联邦2020年前创新发展战略》，旨在恢复其世界基础科学领域的领先地位，对2020年前俄罗斯创新战略的目标、任务、实施阶段做了较为明确的规划；信息化方面，2017年颁布《2017—2030年俄罗斯联邦信息社会发展战略》；电力能源方面，2016年政府批准了"能源互联网"路线图，实施一系列技术试点项目，提高电网传输能力、发展电能智能分配、促进电力消费者服务。蒙古国出台的《千年发展目标整体发展政策》涉及基础设施发展规划，其中包括改善公路、铁路网，以满足矿产品出口运输要求；《国家铁路运输领域建设规划》描绘了蒙古国新"东线"和"西线"铁路的蓝图，未来将实现大型矿区至蒙古国边境口岸的铁路直运。格鲁吉亚新政府上台后，筹建港口及配套设施，力求打造成连接欧亚走廊的重要交通枢纽。阿塞拜疆致力于发展同伊朗、俄罗斯的铁路互联互通，旨在激发俄罗斯、阿塞拜疆、白俄罗斯、拉脱维亚、爱沙尼亚、芬兰、海湾国家以及印度等国双向货物运输线路的活力，并就优惠运价达成一致；阿塞拜疆重视电站和电网的建设与改造，计划建设里海比拉拉赫岛风电园，未来将成为全球第一座海上石油开采区风电站。白俄罗斯的《2030年前白俄罗斯社会经济稳定发展国家战略》涵盖能源、交通、通信等各领域发展目标，如重点发展核能和可再生能源，同时优化能源结构，逐步对现有热电站进行升级改造，加强能源安全，减少能源进口和有效利用资源；鉴于中国在通信领域的发展成果，拟与中国华为公司联合制订《白俄罗斯国家信息通信技术（ICT）规划白皮书》。摩尔多瓦为实施出口导向的经济发展模式，将基础设施建设视为优先发展方向，批准了《2013年至2022年交通与物流战略》。见表2-7。

表2-7 蒙古国和欧亚七国基础设施发展规划

国别	规划名称	规划内容
俄罗斯	《2030年前俄罗斯交通运输发展战略规划》	规划资金预计达106.4万亿卢布（约合3.22万亿美元），分两个阶段实施：第一阶段（至2015年），通过专项投资完成交通系统的现代化，对关键领域进行系统的优化配置；第二阶段（2016—2030年），强化所有重点交通领域的创新发展。2017年4月，制订新版国家交通体系发展计划，进一步明确该计划的主要目标、任务和相关举措
	《2013—2025年俄罗斯航空发展规划》	拟投资1.73万亿卢布（约合540亿美元）。其中，飞机制造投资160亿美元；航空技术105亿美元；直升机制造48亿美元；飞机发动机62亿美元；飞机成套设备21亿美元
	《"安全、高质量"公路规划》（2017年初）	共投入650亿卢布（约合20.3亿美元），对辐射38个城区、约5万公里的公路路段进行维修和养护，于2018年年底完成全国公路网维修目标
	《俄罗斯联邦2020年前创新发展战略》（2011年末）	到2020年，高技术产品在俄罗斯国内生产总值中所占份额增加到17%～20%，包括核能、航空和航天器材在内的高技术产品和知识性服务所占比重提高到5%～10%等。分两个阶段实施：第一阶段（2011—2013年），总体提高商业和经济对创新的敏感度；第二阶段（2014—2020年），对工业进行大规模技术改造和现代化改造，从2014年起进行大规模的军备重装，提供财政激励，对公共部门实现电子现代化等
	《2018年前信息技术产业发展规划》	主要包括创建创新研发中心、建设IT基础设施、提高IT程序员综合素质和减税
	《2017—2030年俄罗斯联邦信息社会发展战略》（2017年5月）	为信息和通信技术的使用创造便利条件，完善俄罗斯联邦法律、行政审批手续（包括电子形式的）等；针对支持和发展信息通信技术的优先方向进行投资；吸引私人投资进行信息基础设施建设；俄罗斯的组织机构创造和完善短缺的信息和通信技术，其利益受到国家的保护，力争俄罗斯国产技术在国外也有需求；建立国家在线教育、在线医疗等技术平台、统一的电子政府基础设施、国家电子图书馆等
	《"能源互联网"路线图》（2016年9月）	实施一系列技术试点项目，包括提高电网传输能力、发展电能智能分配、促进电力消费者服务等领域

国别	规划名称	规划内容
蒙古国	《蒙古国千年发展目标整体发展政策》	第五部分"基础设施领域发展政策"提出：第一阶段，完善交通运输领域的相关法律；改善现有公路路况并扩建国内公路运网；建设可满足矿产品运输需求的国内铁路运输线；启动地方新机场建设并开辟新的国内、国际航线；租用其他国家港口开展海上运输；改善相关投资环境，支持私营部门参与交通运输领域建设。第二阶段，继续拓展国内公路、铁路运输网；积极发展航运和海上运输；实现国内主要城市和省会间全部通过公路连接
	《国家铁路运输领域建设规划》（2010年）	提出分阶段建设5683.5公里长的新铁路基础设施
格鲁吉亚	主要项目	贯穿格鲁吉亚东西部高速公路；发展高海拔山区国内航线；制定道路保养规范及建设安全标准，保障道路质量及安全；发展黑海海港多式联运，铺设连接至海港的公路和铁路，增加海运驳船；延伸地铁网络；加快建设巴库—第比利斯—卡尔斯铁路，该铁路贯穿阿塞拜疆、格鲁吉亚和土耳其，是里海到地中海的陆路交通运输大动脉；筹划建设阿纳克利亚港口及配套设施，力求打造成连接欧亚走廊的重要交通枢纽。项目将分7个阶段进行，最终达到年吞吐量1亿吨
阿塞拜疆	《国家经济发展战略线路图》	通信方面：至2020年前阿塞拜疆需投入5.85亿马纳特（约合3.7亿美元）。其中，2.9亿马纳特用于完善国家信息体系，1.25亿马纳特用于电信市场自由化，0.95亿马纳特用于完善电子政务项目，0.6亿马纳特用于扩大对移动网络基础设施的投资，0.15亿马纳特用于扩大数字支付市场
	能源化工	对盖达尔·阿利耶夫炼油厂进行升级改造，并在巴库附近兴建天然气加工及石化产品生产综合体（GPC项目）；采取措施加快苏姆盖特化工园建设进度，并将其打造成南高加索地区最大的化工生产基地
	电力	政府重视电站和电网的建设与改造。2015年5月，阿塞拜疆政府与亚洲开发银行签署了关于实施阿塞拜疆国内电网改造投资项目的谅解备忘录。该项目总投资约10亿美元；筹建里海比拉拉赫岛风电园，该电站装机容量约20万千瓦，预计总投资达4.4亿欧元
	市政工程	加大对首都市政形象工程建设和各类场馆的建设。加快居民小区改造工程进度，将巴库建设成大都市是阿塞拜疆政府优先考虑的问题之一

国别	规划名称	规划内容
白俄罗斯	《2030年前白俄罗斯社会经济稳定发展国家战略》	能源发展目标：到2030年，天然气在燃料能源需求中所占比重从2013年的60%下降到52%；自俄罗斯进口能源资源占其能源资源进口总量的比重从2013年的98%降至75%；核电站投入运营后，每年减少50亿立方米的天然气进口，减少700～1000吨的温室气体排放；提高国家能源独立的水平，到2030年初级能源的开采量在燃料能源需求量中的占比从2013年的14.5%提高到18%。此外，在燃料能源资源开采方面，将注重研究旨在提高和有效使用碳氢原料资源潜力的高效信息计算技术 交通运输领域的发展目标：货物周转量增加到2015年的1.2倍；旅客周转量达到2015年的1.4倍；刚性路面的比例从2013年的86%上升到2030年的90%；运输服务出口达到2015年的2.2倍 信息产业发展目标：到2030年，互联网用户的数量比重上升到71%；手机拥有量上升到每百人130部；信息通信技术在GDP中的比重上升到6%；争取在世界信息通信技术发展评级中进入前30名
	《白俄罗斯国家信息通信技术（ICT）规划白皮书》（制订中）	将与中国华为公司联合制订该白皮书，整合中国通信和信息化产业资源，吸引更多中国企业进入白俄罗斯市场
摩尔多瓦	《2013—2022年交通与物流战略》（2012年）	预计到2022年，摩尔多瓦将修建国家级公路3090公里，地方公路4185公里，国家修路基金总额将由2014年的13.46亿列伊（约合1.07亿美元）提高到2022年的29.20亿列伊（约合2.32亿美元）。筹建连接欧盟（罗马尼亚）和乌克兰宽、准轨并用的电气化铁路（总投资超过7亿美元）；欧洲复兴开发银行、欧洲投资银行和欧盟拟通过提供贷款和无偿援助的方式拨款5500万欧元改造摩尔多瓦国有铁路
	《2030年摩尔多瓦共和国能源战略》	到2020年，由欧洲投资银行和欧洲复兴开发银行提供贷款改善国家电力网络，并修建贯穿罗马尼亚—摩尔多瓦—乌克兰的400千伏输电线路
	《摩尔多瓦可再生能源法》	该法案规定了摩尔多瓦2020年能源发展目标，即将可再生能源占总能耗比重至少提高至17%，占交通运输能耗比重至少提高至10%，减少能源进口，实现能源来源多元化，吸引投资等
乌克兰	《2017—2021现代化战略》（2017年4月）	5年内，将投资1300亿～1500亿格里夫纳（约合46.41亿～53.78亿美元）发展铁路，提高运输和运营能力。拟建地铁、轻轨等项目，采取特许经营权模式改造国有港口；计划在2030年前新建11座核电机组，拟在2019年前，对4座核电站的9台机组进行技术改造，将机组的运行寿命延长20年
	《至2023年航空港发展规划》（2012年11月）	将对17个机场进行改造，在2023年将客运量提高一倍，达到2430万人，中转旅客比例达到40%

国别	规划名称	规划内容
亚美尼亚	《2012—2017年亚美尼亚总体发展规划》	能源方面：提高能源安全水平，研究发展其他能源；提高水电站的使用效率；完成亚美尼亚—伊朗和亚美尼亚—格鲁吉亚跨境输变电站建设工作；新建核电站 供水方面：提高饮用水品质，实现全天候供水、农村地区供水，新建水库 交通方面：建设亚境内"北—南公路"；规划亚美尼亚—伊朗跨境铁路；改善和建设埃里温市交通枢纽；扩大新的农村道路投资；对公共交通进行现代化改造，可用于服务残疾人 通信方面：实施数字电视和广播技术；按照国际标准提供通信和邮政服务

资料来源：2018年版《对外投资合作国别（地区）指南》各国分册

第三章

市场规模与进口需求

一 宏观经济

1. 国内生产总值

世界银行统计数据显示，2017年，全球GDP总量为80.68万亿美元。"一带一路"沿线国家GDP总量占全球GDP的30%左右。从GDP总量来看，蒙古国和欧亚七国GDP总量为1.83万亿美元，约占沿线国家的7.6%，占全球的0.28%。随着国际油价回升，俄罗斯经济刺激措施初见成效，经济逐步摆脱衰退，从微弱增长转向低速增长。2017年，俄罗斯国内生产总值1.58万亿美元，八国中仅俄罗斯GDP破万亿美元，但排名跌出全球前十，列第14位，属中高收入国家。除俄罗斯外，其他七国GDP均远低于平均水平。2014—2015年乌克兰受政局动荡、克里米亚并入俄罗斯、东部战争等综合因素影响，经济大幅下跌。2016年，经济止跌微升。2017年经济保持了增长趋势，GDP达到1100.7亿美元，在八国中位列第二，但不到平均水平的一半，白俄罗斯、阿塞拜疆紧随其后。摩尔多瓦GDP为90.8亿美元，列末位。

从人均GDP来看，俄罗斯、白俄罗斯和阿塞拜疆列前三位，其中，仅俄罗斯人均GDP破万（10743万美元），稍高于全球平均水平（10714万美元），远高于八国均值的4704美元。白俄罗斯人均GDP为5743万美元，高于各国平均水平，其余六国均在均值以下。受世界经济不振影响，自2011年以来白俄罗斯经济增速放缓。2015年，由于俄罗斯经济金融形势在欧美多轮经济制裁、油价持续低迷和乌克兰危机等多重打击下急转直下，白俄罗斯饱受连带效应之苦，遭遇独立以来最大的经济社会发展困难期，经济指标全线下滑，GDP进一步下降，出现近二十年来首次负增长，同比下降

3.9%。2017年总体经济形势向好，经济指标全面回升。国内生产总值同比上升2.4%。摩尔多瓦和乌克兰人均GDP不相上下，均在2590美元左右，列后两位。尽管乌克兰GDP总量列第二位，但人均GDP垫底。制约乌克兰经济增长的主要因素为：一是政局动荡；二是东部战争拖累；三是经济结构单一，主导产业产品附加值低，竞争力弱；四是投资乏力；五是外部市场环境持续低迷。2013年，乌克兰爆发第二次"广场革命"，2014年至2015年经济急剧下滑（GDP分别下降6.8%和9.9%）。随着市场化改革的实施，2016年GDP增长2.3%，经济形势开始触底反弹。2017年GDP基本延续上一年增长态势。

从GDP增长率来看，摩尔多瓦、亚美尼亚、蒙古国和格鲁吉亚排前四位，GDP增长率均在全球平均增长率3.5%以上。摩尔多瓦增长最快，增长率为12%。摩尔多瓦自独立以来，经济经历了严重衰退到恢复增长，再到上下波动的起伏曲线。近五年经济受地区形势、本国农业、政局等内外部因素影响较大。2013年，农业获得丰收，经济恢复较快增长。2014年，经济保持增长态势，但受地区形势影响，增幅明显放缓。2015年，由于天气干旱及政局不稳，摩尔多瓦经济出现小幅衰退。2016年，政局相对稳定，农业获得丰收，摩经济出现恢复增长态势。2017年继续保持增长态势。阿塞拜疆经济增长率最慢，仅为0.1%。俄罗斯GDP增幅虽列倒数第二位，但已是近三年以来的最好成绩，自2015年以来首次实现正增长，其根源与国际油价的企稳和内部经济刺激措施密不可分。

除亚美尼亚外，其余七国通货膨胀率均高出全球平均水平2.18%。乌克兰和阿塞拜疆通货膨胀最严重，分别为13.7%和12.9%。格鲁吉亚、摩尔多瓦和蒙古国通货膨胀率在6%左右。2003—2013年阿塞拜疆经济年均增速达11.5%，人均国内生产总值居独联体第三，被称为"外高加索发展的火车头"。但受全球经济低迷、油价低位运行、独联体国家经济衰退等因素影响，2014年以来阿塞拜疆经济增速放缓。2014年、2015年阿塞拜疆经济增长率分别为2.8%和1.1%。2016年阿塞拜疆经济运行遭受了近年来最为复杂、严峻的挑战，GDP首现负增长，通货膨胀达12.4%。2017年阿塞拜疆经济触底反弹，开始缓慢复苏，全年GDP增长0.1%，通货膨胀率为12.9%，未见明显好转。

从失业率来看，亚美尼亚和格鲁吉亚两国失业率位于八国之首，均在10%以上。其中，亚美尼亚失业率最高为17.7%，较2016年高出近1个百分点；摩尔多瓦失业率最低，为3.4%。近年，亚美尼亚经济受失业率和人口流失的困扰，劳动人口占总人口的比重不到一半，且选择海外劳务移民的人口居高不下。海外劳务虽然为创汇做出重要贡献，但也正在损害亚美尼亚国内的人力资本质量，大量人口移居海外正是由于国内经济不景气和就业机会减少所致。格鲁吉亚情况类似，失业率为13.9%，许多年轻劳动力在俄罗斯、希腊、土耳其、阿塞拜疆和乌克兰等国务工。见表3-1。

表3-1　2017年蒙古国和欧亚七国宏观经济指标

国别	GDP（亿美元）	人均GDP（美元）	GDP增长率（%）	通胀率（%）	失业率（%）
俄罗斯	15786	10743	1.5	2.5	5.2
蒙古国	111.49	3779	5.1	6.4	8.8
格鲁吉亚	151.6	4068	5	6.7	13.9
阿塞拜疆	412	4235	0.1	12.9	5
白俄罗斯	545.1	5743	2.4	4.6	5.6
摩尔多瓦	90.8	2594	12	6.6	3.4
乌克兰	1100.7	2591	2.5	13.7	9.9
亚美尼亚	115	3880	7.5	1	17.7

资料来源：2018年版《对外投资合作国别（地区）指南》各国分册、世界银行

2. 产业分布

据世界银行数据显示，2017年，除阿塞拜疆倚重工业外，其余七国三次产业分布总体趋势基本一致，服务业比重最大，其次为工业、农业。服务业对本国GDP贡献率最高的国家有格鲁吉亚、俄罗斯和摩尔多瓦，占比均在55%以上。工业产值占GDP的比重在三成以上的国家由大到小依次为阿塞拜疆（49.6%）、蒙古国（33%）、白俄罗斯（32.1%）和俄罗斯（30%）。农业产值占GDP的比重高于10%的国家依次为亚美尼亚（14.9%）、摩尔多瓦（12.2%）、蒙古国（10.4%）和乌克兰（10.2%）。

批发和零售、交通通信和旅游业是格鲁吉亚的重要产业，对第三产业贡献较大。伴随格鲁吉亚交通运输基础设施的不断发展，公路、铁路、航空、航运和管道运输日渐完善，特别是毗邻黑海的地缘优势使得格鲁吉亚成为重

要的石油转运地，致使贸易产值以17.6%的比重成为GDP的最大贡献者。随着格鲁吉亚加大基础设施的投入，交通和通信业在GDP的占比逐年提升，2017年已超过10%。旅游业也是格鲁吉亚经济的重要一环，格旅游资源丰富，良好的自然环境吸引着大批欧洲和周边国家的游客。主要旅游城市除首都第比利斯外，还有斯大林故乡哥里市、文明古都姆茨赫塔、皇家小镇锡格纳提、黑海明珠巴统、格俄边城卡兹别基和滑雪胜地古达乌里等。2017年格鲁吉亚国际旅客累计为755万人次，同比增长18.8%。根据世界经济论坛发布的2017年《旅游业竞争力指数报告》，格鲁吉亚在136个经济体中排名第70位。此外，格鲁吉亚对金融保险业政策宽松，较高的贷款利率和资本自由进出等政策使得大量资本投向当地银行，当地银行业发展迅猛。2018年3月，格鲁吉亚共有16家商业银行，包括15家外资控股银行及1家外国银行分支机构。商业银行总资产336亿拉里（约138亿美元），其中银行股本46亿拉里（约18.9亿美元），占商业银行总资产的13.7%。前两家资产规模最大的商业银行占整个银行业总资产的65%。

近年来，俄罗斯产业结构中，第三产业占GDP的比重基本呈上升趋势，第一和第二产业占GDP的比重总体呈下降趋势。据俄罗斯联邦国家统计局统计，作为三次产业中对GDP贡献率最高的产业，2009年至今，俄罗斯服务业占GDP的比重始终在61%以上。批发和零售业、车辆维修、日用品维修和房地产交易、租赁相关服务业产值贡献最大，合计占第三产业总产值的50%以上。国防安全也在俄罗斯第三产业中所占比重不小。俄罗斯国防工业继承了苏联庞大国防的大部分，从设计、研发、试验到生产体系较为完整，部门较为齐全，是世界上少有的能生产海、陆、空、天武器和装备的国家。在俄罗斯国内装备更新速度有限的情况下，俄罗斯国防工业大力发展对外合作与出口，2017年俄武器出口超过140亿美元，俄罗斯军工企业接受军工产品订单额超过470亿美元。第二产业方面，石油天然气工业长期以来在俄罗斯经济中发挥核心作用，乌拉尔牌石油价格是俄罗斯制定国家财政预算的重要依据。2017年俄罗斯石油（包括凝析油）开采量为5.47亿吨，同比下降0.8%；原油加工量2.84亿吨，同比下降0.3%；出口石油2.53亿吨，同比下降0.8%；石油出口利润933.06亿美元，同比增长26.6%。2017年俄罗斯天然气开采量为6900亿立方米，同比增长7.8%；出口量为2102亿立方米，同比增长5.7%；天然气出口利润381亿美元，同比增长22.1%。其次，冶金行业是俄罗斯重要的工业部门之一，其产值约占俄罗斯国内生产总值的5%，占工业产值的18%。俄罗斯矿产资源丰富，铁、铝、铜、镍等金属矿产的储量和产量都居于世界前列，矿石开采和冶金行业在俄罗斯经济中发挥着重要作用，冶金行业占俄罗斯全行业出口创汇额的14%，仅次于燃料动力综合体，列第2位。

阿塞拜疆是八国中唯一一个倚重工业发展的国家，五成GDP来自工业部门。其中，石油天然气开采及相关产业是阿塞拜疆最重要的产业部门，迄今已有一百五十多年的历史。阿塞拜疆国家统计委员会数据显示，2017年阿塞拜疆油气领域产值下降4.7%，非油气领域增长3.7%。2017年阿塞拜疆生产3878万吨石油及凝析油，同比下降5.5%；生产465万吨石油制品。天然气产量181.6亿立方米，同比下降3%。石油出口2722.79万吨，占出口总额的77.52%；天然气出口75.43亿立方米，占出口总额的8.64%。石油、天然气及石油产品的出口额约占阿塞拜疆出口总额的88%以上。现阶段，阿塞拜疆油气领域的开采量仍主要来自其境内里海水域最大、最主要的阿泽利—齐拉格—久涅什利（以下简称"阿—齐—久"）油田和沙赫丹尼兹气田。据阿塞拜疆国家石油公司公布的数据，阿—齐—久油田的可开采量由5.11亿吨提高到了9亿吨以上，其增幅达76%。但近年来阿塞拜疆石油开采增长过快，从中长期看，其石油生产有逐渐递减趋势。从1997年至2017年5月，阿—奇—久油田共开采4.55亿吨石油以及1445亿立方米伴生气。2016年，阿—齐—久油田和沙赫丹尼兹气田的油气产量分别达3350万吨和99亿立方米。2017年9月14日，有关开采阿塞拜疆油气资源的"世纪合同"续签至2050年。

白俄罗斯工业产值占GDP的三成，工业比重在八国中列第二位。白俄罗斯工业部门较为齐全，机械制造和加工业发达，有苏联时代"装配车间"之称，其具有优势的产业主要包括：机械制造业、化学和石化工业、电子工业、无线电技术等。在光学、激光技术等领域也具有世界领先水平。机械制造业是其工业的支柱和主导部门，拥有六百多家企业，产值约占全国工业产值的1/4；机械制造工业具有较先进的设备和工艺技术，主要有汽车和拖拉机制造、机床制造、农机制造等行业，其中重型矿山自卸车的研发和生产具有世界先进水平——世界上几乎三分之一的矿山自卸车产自白俄罗斯。拥有玛斯载重汽车、别拉斯矿山自卸车、轮式牵引车、拖拉机等世界著名的机械制造类企业。化学和石化工业也是白俄罗斯工业的支柱产业之一，其产品占白俄罗斯石化行业产品总量的80%，是石化工业主要出口商品。白俄罗斯在电子特别是微电子领域，有着强大的研发能力和世界先进水平的集成电路制造设备生产设计基础，长期为俄罗斯尖端设备配套，并向中国提供了近二百套集成电路生产设备。白俄罗斯无线电技术工业企业生产的产品占独联体国家同类产品总数的三分之一。主要产品包括：多功能程序技术成套设备、专用和家用程序计算机、电子自动电话交换台、通信产品、自动化和动力电子学产品、电子柜员机、测量仪器、家用电子技术产品以及医学产品等。见表3-2。

表3-2　蒙古国和欧亚七国产业分布情况

国别	农业占GDP的比重（%）	工业占GDP的比重（%）	服务业占GDP的比重（%）
俄罗斯	4.0	30.0	56.2
蒙古国	10.4	33.0	—
格鲁吉亚	7.0	22.1	56.6
阿塞拜疆	5.6	49.6	37.5
白俄罗斯	7.8	32.1	46.9
摩尔多瓦	12.2	17.9	55.4
乌克兰	10.2	24.0	50.3
亚美尼亚	14.9	25.3	51.3

注："—"表示未获取相关资料。
资料来源：世界银行

3. 财政收支

2017年，白俄罗斯和格鲁吉亚实现财政盈余，其余六国均出现财政赤字。格鲁吉亚财政较为稳定，近五年连续保持财政盈余态势。超过财政赤字安全警戒线（财政赤字率一般不超过3%）的国家有蒙古国和亚美尼亚。摩尔多瓦财政赤字率为2.9%，已逼近警戒线。其中，蒙古国财政赤字率最高为6.4%。2017年，蒙古国财政预算收入及外来援助总额7.2万亿图（折合29.83亿美元），同比增长24.1%；财政支出及借贷总额8.9万亿图（折合37亿美元），同比减少5.4%；财政赤字1.7万亿图（折合7.17亿美元），同比减少52.4%。见表3-3。

表3-3 蒙古国和欧亚七国政府财政收支情况

单位：亿美元

国别	财政收入	财政支出	财政收支差额	财政收支差额占GDP的比重（%）
俄罗斯	2587	2815	−228	−1.4
蒙古国	29.83	37	−7.17	−6.4
格鲁吉亚	44.58	39.44	5.13	3.4
阿塞拜疆	96.75	103.46	−6.71	−1.6
白俄罗斯	102.35	88.01	27.71	5.1
摩尔多瓦	30.8	33.43	−2.63	−2.9
乌克兰	292.7	309.7	−17	−1.5
亚美尼亚	25.63	31.15	−5.5	−4.8

资料来源：2018年版《对外投资合作国别（地区）指南》各国分册、世界银行

4. 政府债务

2017年末，政府债务占GDP的比重超过60%国际警戒线的国家有蒙古国、乌克兰和摩尔多瓦，亚美尼亚负债率为58.9%，已逼近警戒线。蒙古国负债率高达210%。截至2017年第三季度，蒙古国全口径的外债总额为237.85亿美元，为本国国内生产总值的两倍，同期，蒙古国政府债务达到47.59亿美元，相当于国内生产总值的42.15%。短期外债与国际储备之比升至182.4%。2013年以来，世界银行、国际货币基金组织等国际金融机构多次对蒙古国不断增长的债务风险做出提醒，要求蒙古国政府采取措施，控制债务规模，并提出若蒙古国方面继续执行扩张型宏观经济政策，将提高蒙古国债务风险等级。2017年8月，大公国际公布最新对蒙评级，维持蒙古国本、外币主权信用等级

B+，2017年和2018年蒙古国各级政府负债率上升至85.0%和87.9%，但随经济复苏和赤字逐渐改善，2018年起政府债务负担率进入下行通道。见表3-4。

表3-4 2017年末蒙古国和欧亚七国债务规模

单位：亿美元

国别	政府债务	内债	外债	政府债务占GDP比重（%）	外汇储备（黄金外汇）
俄罗斯	5436	247	5189	34.4	4327
蒙古国	237.851	—	237.851	210	30.08
格鲁吉亚	51.69	17.59	34.1	34.1	30.16
阿塞拜疆	—		93.98	22.83	411.42
白俄罗斯	259	92	167	47.5	73.15
摩尔多瓦			69.73	76.794	28.64
乌克兰	763.052	273.16	489.89	81.8	181.93
亚美尼亚	67.74	54.94	12.8	58.9	23

注："—"表示未获取相关资料。
资料来源：2018年版《对外投资合作国别（地区）指南》各国分册、世界银行

5. 主权债务评级

蒙古国和欧亚七国主权债务评级见表3-5。

表3-5 蒙古国和欧亚七国政府主权债务国际评级

国别	主权债务评级
俄罗斯	截至2018年3月，国际评级机构标普将俄罗斯主权债务评级从BB+（垃圾级）上调至BBB-；将俄罗斯外币和本币主权信用评级分别上调至"BBB-/A-3"和"BBB/A-2"。截至2018年1月，国际评级机构穆迪对俄罗斯主权信用评级为Ba1，但把评级展望由稳定上调至正面。截至2018年2月24日，国际评级机构惠誉对俄罗斯主权信用评级为BBB-，展望为正面
蒙古国	截至2018年4月18日，国际评级机构标普对蒙古国主权信用评级为B-/B，展望为稳定。截至2018年6月2日，国际评级机构穆迪对蒙古国主权信用评级为Caa1，展望为稳定。截至2018年2月19日，国际评级机构惠誉对蒙古国主权信用评级为B-/B，展望为稳定

国别	主权债务评级
格鲁吉亚	截至2018年3月，国际评级机构标普对格鲁吉亚主权信用评级为BB−，展望为稳定。国际评级机构穆迪对格鲁吉亚主权信用评级为Ba2，展望为稳定。国际评级机构惠誉对格鲁吉亚主权信用评级为BB−，展望为积极
阿塞拜疆	截至2018年1月26日，国际评级机构标普对阿塞拜疆主权信用评级为BB+/B，展望为负面。截至2018年2月2日，国际评级机构惠誉对阿塞拜疆主权信用评级为BB+/B。截至2018年5月14日，国际评级机构穆迪对阿塞拜疆主权信用评级为Ba2，展望为稳定
白俄罗斯	截至2018年4月6日，国际评级机构标普对白俄罗斯主权信用评级为B/B，展望为稳定。截至2018年3月16日，国际评级机构穆迪对白俄罗斯主权信用评级为B3，展望为稳定。截至2017年7月20日，国际评级机构惠誉对白俄罗斯主权信用评级为B/B，展望为稳定
摩尔多瓦	截至2018年1月22日，国际评级机构穆迪对摩尔多瓦主权信用评级为B3，展望为稳定
乌克兰	截至2018年4月23日，国际评级机构标普对乌克兰主权信用评级为B−/B，展望为稳定。截至2017年8月26日，国际评级机构穆迪对乌克兰主权信用评级为Caa2，展望为积极。截至2018年4月28日，国际评级机构惠誉维持乌克兰主权信用评级为B−/B，展望为稳定
亚美尼亚	截至2017年6月2日，国际评级机构穆迪对亚美尼亚主权信用评级为B1，展望为稳定。截至2017年1月20日，惠誉对亚美尼亚主权信用评级为B+/B，展望为稳定

资料来源：2018年版《对外投资合作国别（地区）指南》各国分册

二 消费市场

2017年，人口排名在蒙古国和欧亚七国中列前三的俄罗斯、乌克兰和阿塞拜疆，国家消费市场规模也位居前三，其中俄罗斯社会零售品贸易总额约合5173.28亿美元，同比增长1%。2016年乌克兰社会消费品零售总额为314亿美元，同比增长8.8%；人均月平均可支配收入105.4美元，增长14.7%。阿塞拜疆消费市场规模达266.47亿美元，同比增长2.2%；人均月消费支出为约228.18美元，同比增长48.8%。消费支出方面，食品支出在各国的居民收入中占据较大比重，如俄罗斯居民食品类支出占总支出的比重为38.8%，白俄罗斯居民40.7%的支出用于购买食品。近年来，阿塞拜疆出现越来越多的富人，但中低收入阶层仍占其人口的多数。虽然工薪阶层的收入有所提高，但食物消费支出仍占其平均月收入的较大比重。随着经济的发展，阿塞拜疆的贫富差距也日益增大，但因为国家对居民的教育、医疗和基本养老提供一定程度的保障，所以赤贫人口很少。物价水平方面，各国物价水平出现不同程度的上涨。2017年，阿塞拜疆消费品及服务价格上涨12.9%。其中，粮食类商品价格上涨16.4%，非粮食类商品上涨11.6%，服务价格上涨9.3%。2017年白俄罗斯消费价格指数同比上涨4.59%，食品价格同比上涨4.24%，非食品价格同比上涨1.95，服务价格同比上涨9.54%。见表3-6。

表3-6 蒙古国和欧亚七国消费市场规模

国别	2017年社会消费品零售总额（亿美元）	生活支出
俄罗斯	5173.28	2017年家庭人均月消费支出约合283美元，同比增长3%。其中，食品类支出占38.8%，非食品类支出占35.7%，服务类支出占26.3%
蒙古国	65.04	2017第四季度，蒙古国家庭月平均收入为391.4美元，月平均支出为423.9美元，其中食品消费支出占22.1%，非食品和服务性消费占65.8%
格鲁吉亚	20.2（2016年）	2017年普通家庭月支出约合532美元
阿塞拜疆	266.47	2017年居民名义总收入约合289.18亿美元，人均收入约2971美元，在职人员月平均工资约合308.82美元
白俄罗斯	182.8	2017年白俄罗斯家庭月平均支出约合531.5美元，其中40.7%用于购买食品，2.5%用于外出餐饮消费，3.0%用于购买烟酒类商品，7.9%用于购买服装鞋帽，5.7%用于购买家具和日常用品，4.6%用于卫生健康，7.2%用于市政服务性收费，15.6%用于交通和通信，6.9%用于教育、文化、休闲和体育
摩尔多瓦	25.51	2016年，摩尔多瓦居民月平均支出为131美元，同比增长9.0%，其中食品占43.4%；房屋维护占18.6%；服装和鞋占10.4%；医疗健康占5.9%。2017年，摩尔多瓦居民平均月工资约合344美元，同比增长12.1%，扣除通胀因素后的实际增长率为11.0%
乌克兰	314	乌克兰2017年居民家庭消费支出总额为682.35亿美元，其中食品、非酒精饮料占42.1%；酒精饮料、烟草支出平均占7.6%；住房、水、电、煤气、取暖费占10.7%；交通支出占10.4%；服装鞋类支出占5.1%；旅游休闲支出占3.5%
亚美尼亚	53.9	2017年亚美尼亚人均月收入404美元，贫富分化严重，中等生活水平以下的人占多数。居民生活支出主要用于饮食、水电气、住房等基本消费

资料来源：2018年版《对外投资合作国别（地区）指南》各国分册

三 贸易规模

1. 对外贸易规模

2017年，蒙古国和欧亚七国贸易总额为1.02万亿美元，占"一带一路"沿线国家贸易总额的10%左右，约占全球贸易总额的3%。其中，货物贸易总额为8062.92亿美元，服务贸易总额为2107.72亿美元。实现贸易顺差的国家仅有三个，分别为俄罗斯、阿塞拜疆和蒙古国。贸易逆差占贸易总额比例最高的国家是亚美尼亚和格鲁吉亚，分别达到19.7%和19.3%。货物贸易方面，俄罗斯以5909.04亿美元列蒙古国和欧亚七国之首，其次为乌克兰（926.2亿美元）和白俄罗斯（634.4亿美元），亚美尼亚仅为64.26亿美元。2017年，阿塞拜疆贸易增长明显，与187个国家和地区有贸易往来，实现对外贸易总额244亿美元，同比增长27.8%，实现贸易顺差50.3亿美元，是上一年的8.2倍。蒙古国经济对外依存度较高，对外贸易是拉动蒙古国整体经济增长的重要力量。近年来，受国际市场大宗矿产品价格走低影响，蒙古国出口总额增长放缓。2017年，蒙古国与世界163个国家和地区实现贸易总额105亿美元，同比增加27.3%。服务贸易方面，贸易总额达到上百万亿美元的国家分别为俄罗斯、乌克兰、阿塞拜疆和白俄罗斯，其中俄罗斯服务贸易总额为1444.25亿美元，其余三国服务贸易总额均未达到500万亿美元。乌克兰的交通和旅游服务对其服务贸易的贡献率高达50%以上。见表3-7、表3-8、表3-9。

表3-7 2017年蒙古国和欧亚七国货物贸易情况

单位：亿美元

国别	货物出口	货物进口	货物贸易总额	顺差/逆差
俄罗斯	3531.16	2377.88	5909.04	1153.28
蒙古国	62.01	43.36	105.36	18.65
格鲁吉亚	27.28	79.81	107.09	−52.53
阿塞拜疆	158.00	86.00	244.00	72.00
白俄罗斯	292.22	342.18	634.40	−49.97
摩尔多瓦	24.25	48.32	72.57	−24.06
乌克兰	431.99	494.21	926.2	−62.22
亚美尼亚	22.43	41.83	64.26	−19.40

资料来源：世界贸易组织

表3-8　2017年蒙古国和欧亚七国服务贸易情况

单位：亿美元

国别	服务出口	服务进口	服务贸易总额	顺差/逆差
俄罗斯	569.36	874.90	1444.25	−305.54
蒙古国	9.64	21.54	31.18	−11.91
格鲁吉亚	39.45	18.93	58.39	20.52
阿塞拜疆	46.61	80.04	126.65	−33.43
白俄罗斯	77.98	48.24	126.21	29.74
摩尔多瓦	12.24	9.10	21.34	3.14
乌克兰	137.80	124.08	261.88	13.72
亚美尼亚	18.54	19.29	37.83	−0.75

资料来源：世界贸易组织

表3-9　2017年蒙古国和欧亚七国贸易总额及主要贸易伙伴情况

单位：亿美元

国别	对外贸易总额	顺差/逆差	主要出口目的国	主要进口来源国
俄罗斯	7353.29	847.74	中国、荷兰、德国、白俄罗斯、土耳其、意大利、韩国、哈萨克斯坦、美国、日本、英国、法国	中国、德国、美国、白俄罗斯、意大利、法国、日本、韩国、乌克兰、哈萨克斯坦、波兰、英兰、荷兰
蒙古国	136.54	6.75	中国、欧盟国家、俄罗斯、新加坡、日本	中国、俄罗斯、欧盟国家、日本、韩国
格鲁吉亚	165.48	−32.01	俄罗斯、阿塞拜疆、土耳其、亚美尼亚、中国、保加利亚、乌克兰、美国、伊朗、罗马尼亚	土耳其、俄罗斯、中国、阿塞拜疆、乌克兰、德国、亚美尼亚、美国、意大利、荷兰
阿塞拜疆	370.65	38.57	意大利、土耳其、俄罗斯、以色列、加拿大、捷克、中国、印度、格鲁吉亚、印度尼西亚、乌克兰、法国、德国、葡萄牙	俄罗斯、土耳其、中国、美国、乌克兰、德国、意大利、英国、伊朗、巴西、日本、法国、白俄罗斯、土库曼斯坦

国别	对外贸易总额	顺差/逆差	主要出口目的国	主要进口来源国
白俄罗斯	760.61	-20.23	俄罗斯、中国、德国、波兰、乌克兰	俄罗斯、乌克兰、英国、德国、波兰
摩尔多瓦	93.90	-20.93	罗马尼亚、俄罗斯、意大利、英国、白俄罗斯、德国、波兰、土耳其、保加利亚、乌克兰等欧盟及独联体国家	罗马尼亚、俄罗斯、中国、德国、乌克兰、土耳其、意大利、波兰、法国
乌克兰	1188.08	-48.50	俄罗斯、波兰、土耳其、意大利、印度、中国、埃及	俄罗斯、中国、德国、波兰、白俄罗斯、美国、瑞士
亚美尼亚	102.09	-20.15	俄罗斯、保加利亚、瑞士、格鲁吉亚、德国	俄罗斯、格鲁吉亚、阿联酋、中国、瑞士

资料来源:世界贸易组织、2018年版《对外投资合作国别(地区)指南》各国分册

2. 辐射市场

除蒙古国外,其余七国均曾为苏联加盟共和国,地处欧亚大陆,因此市场辐射范围涵盖独联体国家及欧盟国家。除阿塞拜疆和白俄罗斯外,其余六国均已加入世界贸易组织。阿塞拜疆现处于申请加入世界贸易组织的过程中。目前已进入第十二轮多、双边工作组会谈。白俄罗斯自1990年开始加入世贸组织谈判进程,2009年因俄白哈关税同盟问题而终止加入世贸谈判,后关税同盟成员国决定分别加入世贸组织。2016年4月6日,白俄罗斯时任总理签署相关法令积极推动白俄罗斯加入世界贸易组织(WTO)的工作,加大了对主要谈判领域专家和人力资源投入,全力推动白俄罗斯加入世贸组织的进程。各国均参与了区域经济合作,如加入欧亚经济联盟、《独联体自由贸易区协议》等,并与多国签署双边自贸协定。2017年5月,中国与蒙古国签署《中华人民共和国商务部和蒙古国对外关系部关于启动中国—蒙古自由贸易协定联合可行性研究的谅解备忘录》,宣布启动自贸协定联合可行性研究,正式开启双边自贸区建设进程。见表3-10。

表3-10　蒙古国和欧亚七国辐射市场情况

国别	辐射市场
俄罗斯	俄罗斯辐射市场范围主要在原苏联加盟共和国，是该地区蔬菜水果、服装鞋帽、机电设备等商品的集散中心。2012年，俄罗斯成为世贸组织第156个正式成员。俄罗斯主导和参与的区域贸易协定主要包括：2010年正式生效的俄罗斯、白俄罗斯、哈萨克斯坦关税同盟；2011年签署的《独联体自由贸易区协议》，签约国曾经包括俄罗斯、白俄罗斯、乌克兰、哈萨克斯坦、亚美尼亚、吉尔吉斯斯坦、摩尔多瓦和塔吉克斯坦；2015年1月1日正式启动的欧亚经济联盟，目前成员国有俄罗斯、白俄罗斯、哈萨克斯坦、吉尔吉斯斯坦和亚美尼亚。根据条约，欧亚经济联盟将于2025年实现商品、服务、资金和劳动力的自由流动，终极目标是建立类似于欧盟的经济联盟，形成一个拥有1.7亿人口的统一市场（注：欧亚经济联盟不等于欧亚联盟）。2018年5月，中国与欧亚经济联盟签署了《中华人民共和国与欧亚经济联盟经贸合作协定》
蒙古国	蒙古国于1996年加入了华盛顿"解决投资争议公约"，1997年加入世界贸易组织，1999年成为首尔《关于成立投资多边担保机构公约》成员国，同时也成为世界银行多边投资担保组织成员国。目前，蒙古国政府与39个国家签订了"避免双重征税协定"；与39个国家签订了"相互促进和保护投资协议"双边条约。1991年，中蒙两国签署了《中华人民共和国政府和蒙古人民共和国政府关于鼓励和相互保护投资协定》和《中华人民共和国政府和蒙古人民共和国政府关于对所得避免双重征税和防止偷漏税的协定》。欧盟给予蒙古国7200种商品GSP+优惠政策。2015年2月，蒙古国与日本签署两国经济合作协定，这是蒙古国首个双边经济合作协定。目前蒙古国还向美国提出了商签自由贸易协定的请求。2017年5月，中国与蒙古国签署《中华人民共和国商务部和蒙古国对外关系部关于启动中国—蒙古自由贸易协定联合可行性研究的谅解备忘录》，宣布启动自贸协定联合可行性研究，正式开启双边自贸区建设进程
格鲁吉亚	格鲁吉亚拥有包括独联体、土耳其及欧盟在内的9亿人口市场。2000年，格鲁吉亚正式成为世界贸易组织成员国，与其他WTO成员互享最惠国待遇的优惠关税。格鲁吉亚出口到美国、加拿大、瑞士和日本等发达国家的商品享有普惠制（GSP）待遇的优惠关税。根据格鲁吉亚与欧盟、土耳其签订的"超普惠制待遇"（GSP+）协议，格鲁吉亚生产的7200个品种的商品进入欧盟和土耳其为零关税，且无配额限制，包括纺织品和服装等。格鲁吉亚也正在与美商谈GSP+贸易协议。格鲁吉亚与乌克兰、阿塞拜疆、亚美尼亚、土库曼斯坦、哈萨克斯坦和土耳其等国签订了"自由贸易协定"。2014年6月格鲁吉亚与欧盟签署联系成员国协定，之后，双边订立的自由贸易协定于2014年9月1日起生效。2017年，中国与格鲁吉亚正式签署自由贸易协定，2018年1月1日，中格自贸协定正式生效

国别	辐射市场
阿塞拜疆	阿塞拜疆对与其接壤的格鲁吉亚、俄罗斯南部的北高加索地区以及伊朗有一定的贸易辐射能力。阿塞拜疆于1992年加入国际货币基金组织（IMF），但无独立表决权。现处于申请加入世界贸易组织的过程中。阿塞拜疆是独联体框架内多个经济合作协议的缔约方，主要有自由贸易协议、海关合作协议、相互征收增值税原则协议、共同农业市场协议、投资保护协议等。阿塞拜疆还是欧盟"TRACECA"（中亚/外高加索欧亚交通走廊）、中/南亚区域经济合作组织、"古阿姆"（格鲁吉亚、乌克兰、阿塞拜疆、摩尔多瓦）合作组织、黑海经济合作组织等数个区域经济合作组织的重要成员和积极参与者。2015年，阿塞拜疆成为上海合作组织对话伙伴国。2016年2月，阿塞拜疆加入《联合国国际货物销售合同公约》。2017年，阿塞拜疆与土耳其签署优惠贸易协定
白俄罗斯	白俄罗斯与六十多个国家和地区签有投资保护协定，其中包括中国、意大利、丹麦、西班牙、美国、加拿大等国。2014年，俄白哈三国元首在阿斯塔纳签了欧亚经济联盟条约，欧亚经济联盟于2015年1月1日正式启动。2015年7月白俄罗斯成为上海合作组织观察员。2016年，白俄罗斯总理安德烈·科比亚科夫签署相关法令，积极推动白俄罗斯加入世界贸易组织（WTO）的工作
摩尔多瓦	摩尔多瓦具有面向欧盟、背靠独联体的地缘区位优势。同摩尔多瓦开展经贸活动的国家超过80个，主要集中在欧盟、独联体、美洲和亚洲。由于地处东南欧、与欧盟直接接壤、欧盟给予摩尔多瓦不对等关税优惠待遇等原因，近年摩尔多瓦同欧盟的经贸关系发展迅速。而作为独联体国家，摩尔多瓦开展对独联体的经贸活动也享受这一组织内的一切优惠待遇。另外，摩尔多瓦同东南欧国家也签署了经贸协定。因此，摩尔多瓦本国市场虽小，但开展对外经贸活动的辐射范围很广，涉及欧洲大陆、独联体所有国家、东南欧地区国家、美洲大国和包括中国在内的许多亚洲国家。2001年7月26日加入世界贸易组织（WTO），对外贸易遵循WTO制定的原则。摩尔多瓦不仅具有同欧盟国家直接接壤的地理优势，也是东南欧地区经济圈的一员和独联体成员，在东南欧和独联体国家均享受贸易优惠待遇。参加的主要区域贸易协定有：《独联体自由贸易区协定》《东南欧稳定公约》《同欧盟的贸易关税普惠》《同欧盟的自主贸易优惠》《同欧盟的深度广泛自贸区》《摩尔多瓦土耳其自由贸易协定》
乌克兰	乌克兰辐射市场范围主要包括欧盟国家、独联体国家、北非和中亚国家。因克里米亚问题、东部战争及天然气等问题，乌俄关系恶化，乌克兰对俄罗斯及独联体地区产品出口额不断下降，同时，对欧盟国家出口额逐步攀升。2008年加入世界贸易组织。乌克兰已与45个国家签署了16个自由贸易协定，相互提供特惠关税税率，包括：加拿大、欧盟、格鲁吉亚、马其顿、黑山、独联体国家等。乌克兰还可享受美国普惠制待遇

续表

国别	辐射市场
亚美尼亚	亚美尼亚资源禀赋、人口规模、制造业水平和地理位置决定了其商品市场的辐射范围十分有限，进口商品规模远大于出口。受制于没有出海口，并受到亚土（土耳其）、亚阿（阿塞拜疆）边境不开放因素影响，进出亚美尼亚的商品只能借道格鲁吉亚波季港或亚-伊（朗）陆路边境口岸。亚美尼亚加入欧亚经济联盟后，如在亚美尼亚投资设厂，产品可直接进入欧亚经济联盟国家，并且可以低关税出口至欧盟国家。亚美尼亚于2003年2月加入世贸组织。先后与7个独联体国家和乌克兰签订了有关自由贸易与互惠协定，如《建立自由贸易区协定》《货物再出口及发放许可证程序协定》等。双边在协议中规定了相互减免关税及各种税收互惠政策。亚美尼亚是欧盟提供关税优惠的受惠国（自2014年1月1日至2023年12月31日，对亚美尼亚等40个低收入和中低收入国家的进口产品在最惠国税率基础上减税3.5%）。亚美尼亚于2015年正式加入欧亚经济联盟

资料来源：世界贸易组织、2018年版《对外投资合作国别（地区）指南》各国分册

3. 双边贸易

2017年，中国与蒙古国和欧亚七国的贸易总和为1018亿美元，占中国对外贸易总额的2.4%。俄罗斯是其中最大贸易伙伴，双边贸易额达840.95亿美元，同比增长20.8%，占俄罗斯贸易额的14.2%。中国是俄罗斯最大贸易伙伴国，已连续八年保持俄罗斯最大贸易伙伴国地位。中国对俄罗斯出口商品主要类别包括机械器具及零件，电气设备及零件，皮毛、人造皮毛及制品，服装及衣着附件，鞋靴、护腿及其零件，车辆及其零附件，塑料及其制品，钢铁制品，光学、照相、医疗等设备及其附件，玩具、运动制品及附件，家具灯具等。中国从俄罗斯进口商品主要类别包括矿物燃料、矿物油及其产品，木材、木浆及木制品，水产，镍及其制品，矿砂、矿渣及矿灰等。见表3-11。

表3-11　2017年中国与蒙古国和欧亚七国双边贸易情况

单位：亿美元

国别	进出口总额	出口额	进口额
俄罗斯	840.95	428.97	411.97
蒙古国	63.66	12.48	51.18
格鲁吉亚	9.83	9.15	0.68
阿塞拜疆	9.65	3.87	5.77

国别	进出口总额	出口额	进口额
白俄罗斯	14.49	9.34	5.15
摩尔多瓦	1.32	0.98	0.34
乌克兰	73.77	50.41	23.36
亚美尼亚	4.36	1.44	2.92

资料来源：中国海关

四 贸易结构

从出口商品结构来看，俄罗斯、阿塞拜疆等国因石油天然气资源丰富，石油天然气产品是其主要出口产品，出口额比重在50%以上，阿塞拜疆原油出口占出口总额比重高达77.5%。白俄罗斯非金属矿产资源丰富，矿产品、化学品及合成橡胶（包括化纤和长丝）、钢铁等产品出口占出口总额的六成以上，白俄罗斯对外贸易多年保持逆差。促进出口稳定增长、出口经营多样化、出口市场多元化，以及促进高科技产品进口，是白俄罗斯发展对外贸易的重要方向。食品和农产品出口占摩尔多瓦对外出口的三成以上，机械及运输设备占两成。乌克兰国内资源和产业结构决定了其进出口商品结构较为单一，出口商品主要以黑色金属、粮食作物和化工产品为主。蒙古国外贸结构较为单一，矿产品占蒙古国总出口的比重超过七成。蒙古国出口的主要商品除了矿产品，还有纺织品、生皮、熟皮、畜毛及其制品、珍珠、宝石、贵金属、文化用品等。

从进口商品结构来看，机电产品进口占俄罗斯进口总额的42.2%，是该国进口比例最高的商品类别。机械及运输设备在摩尔多瓦和白俄罗斯的进口比例较高，分别占31.5%和23%。乌克兰石油和天然气资源相对匮乏，国内天然气消费的50%和石油消费的90%依赖进口，因此其经济发展易受国际能源和原材料市场行情以及其主要能源供给国的制约。蒙古国国内制造业发展仍处于起步阶段，除畜牧产品外，其他各类生活和生产材料均依赖进口。蒙古国进口的主要商品是机电商品及零配件，能源产品，公路、航空及水路运输工具及其零件，纺织品，化学及化工产品，植物产品及食品，钢材及其制品等。见表3-12。

表3-12 2017年欧亚七国贸易结构

国别	出口产品	出口额比重（%）	进口产品	进口额比重（%）
俄罗斯	矿产资源类产品	50	机电产品	42.2
	金属及其制品	10.7	化工产品	18
	化工产品	6.2	食品及农业原料	12.8
	食品及农业原料	5.6	金属及其制品	6.8
	机械、设备及交通工具	4.9	纺织品及鞋	6
	宝石、贵金属及其制品	3	木材和纸浆	2.6
	木材及纸浆	2.2	—	—
格鲁吉亚	铜矿及其精矿	15.4	石油产品	8.7
	铁合金	11.3	汽车	5.9
	汽车	8.6	油气和其他气态碳氢化合物	4.4
	葡萄酒	6.3	计量剂量的药物	4.3
	计量剂量的药物	5.2	铜矿及其精矿	4.2
	烈酒	4.6	手机	2.6
	矿泉水	3.5	香烟	1.3
	坚果	3	小麦	1.2
	化肥	2.8	自动数据处理机器和设备	1.2
	天然/人工矿泉水和汽水（不含糖）	2.6	货车	0.9
阿塞拜疆	原油	77.5	机电产品	21.3
	天然气	8.6	交通工具及其配件	12.3
	石油产品	2.5	黑色金属	10.1
白俄罗斯	矿产品	21.5	矿产品	27.5
	化学品、合成橡胶（包括化纤和长丝）	20.1	机械、设备和交通工具	22.9
	钢铁	20.02	化学品、合成橡胶（包括化纤和长丝）	14.9
	机械、设备和交通工具	18.5	食品和农业原材料	14.6
	食品和农业原材料	17.7	其他	11
	其他	15.3	黑色金属、有色金属	9.1

续表

国别	出口产品	出口额比重（%）	进口产品	进口额比重（%）
摩尔多瓦	食品及农产品	29.3	机械及运输设备	31.5
	机械及运输设备	21	矿物燃料、润滑油和衍生材料	22.1
	原材料制造	17.5	原材料制造	14.5
	饮料及烟草	15.2	非特殊化学品及其产品	11.9
	非特殊化学品及其产品	4.1	饮料及烟草	7.3
	矿物燃料、润滑油和衍生材料	2.5	食品及农产品	6.7
	油、脂肪和动物或植物蜡	2.2	非食用未加工材料（除燃料）	2.7
	非食用未加工材料（除燃料）	1.8	油、脂肪和动物或植物蜡	0.5
	杂项产品	6.4	杂项产品	2.9
乌克兰	钢铁	20	矿物燃料、矿物油及其产品，沥青等	23.4
	谷物	15	核反应堆、锅炉、机械器具及零件	11.7
	动植物油、脂、蜡，精致实用油脂	10.7	电机、电气、音像设备及其零件	8.3
	矿砂、矿渣及矿灰	6.3	车辆及其零件，但铁道车辆除外	8
	电机、电气、音像设备及其零件	5.9	塑料及其制品	5
	油籽、子仁、工业或药用植物、饲料	4.8	药品	3.6
	核反应堆、锅炉、机械器具及零件	4	杂项化学产品	2.5
	木及木制品、木炭	2.8	钢铁	2.3
	食品工业的残渣及废料、配制的饲料	2.4	肥料	2.3
	钢铁制品	2.1	纸及纸板，纸浆、纸或纸板制品	1.6
亚美尼亚	活体动物及动物产品	2.6	食品	9
	矿物燃料、润滑油和衍生材料	2.5	贱金属及其制品	7.1

续表

国别	出口产品	出口额比重（%）	进口产品	进口额比重（%）
亚美尼亚	油、脂肪和动物或植物蜡	2.2	纺织品	6.5
	植物产品	2.2	交通工具	5.9
	各种工业品	2.1	宝石及半宝石	5.7
	非食用未加工材料（除燃料）	1.8	植物产品	4.7
	仪器、仪表	1.8	塑料、橡胶	4.2
	机械设备	1.8	活体动物及动物产品	3.3
	化工产品	1.3	各种工业品	2.9
	石头、石膏和水泥制品	0.7	石头、石膏和水泥制品	2.1
	交通工具	0.7	仪器、仪表	2.0
	塑料、橡胶	0.4	纸张及其制品	1.9
	皮革、皮、毛皮制品	0.4	机械设备	1.5
	鞋帽、雨伞、手杖、羽毛制品	0.1	动植物油	1.2
	木材及其制品	0.1	鞋帽、雨伞、手杖、羽毛制品	1.1

注："—"表示未获取相关资料。

资料来源：2018年版《对外投资合作国别（地区）指南》各国分册、世界贸易组织

五　金融环境

1. 当地货币

自2014年以来，受全球经济危机、国际油价持续下跌，以及主要贸易伙伴国货币纷纷大幅贬值等因素影响，蒙古国和欧亚七国货币对世界主要货币总体呈贬值趋势。其中，乌克兰货币格里夫纳和阿塞拜疆货币马纳特对美元汇率下降最多。自乌克兰危机爆发以来，格里夫纳对美元汇率从1美元兑8.25格里夫纳大幅下跌。2014年2月7日，乌克兰央行放弃紧盯美元的外汇政策，开始采取灵活的汇率政策。2015年2月5日，乌克兰央行放弃指导性汇率、放开汇率波动空间，以银行中间价作为央行官方汇率，利率实现完全市场化。2018年1月4日，格里夫纳对美元汇率达到27.89：1。阿塞拜疆央行于2015年

两次分别对马纳特实行断崖式贬值，马纳特对美元、欧元的累计贬幅分别达98.8%和79%，领跑于独联体国家。阿塞拜疆自2015年12月21日起实行马纳特浮动汇率制。为满足市场需求，缓解美元紧缺和稳定马纳特币值，2015年阿塞拜疆央行向外汇市场投放约80亿美元，2016年阿塞拜疆国家石油基金向各商业银行抛售约49亿美元。

蒙古国和欧亚七国均有各自流通的当地货币，其中白俄罗斯2016年发行了新币，新币与旧币替换比例为1∶10000。根据白俄罗斯总统卢卡申科2015年11月4日签署的第450号《关于白俄罗斯官方货币单位改革》的总统令，白俄罗斯从2016年7月1日起发行新的白俄罗斯货币。新版货币最大纸币面值由原来的20万白卢布变为500白卢布，相当于原流通的500万白卢布，按原白俄罗斯卢布对美元汇率，约合300美元；最小纸币面值由原来的100白卢布变为5白卢布。此外，白俄罗斯新版货币还增发了硬币。目前面值分为：硬币1戈比、2戈比、5戈比、10戈比、20戈比、50戈比、1卢布、2卢布，纸币5卢布、10卢布、20卢布、50卢布、100卢布、200卢布、500卢布。

除蒙古国货币图格里克可在蒙古国的任何金融机构、兑换点与人民币可随时互相兑换外，其余国家的货币不可直接兑换人民币，但可兑换美元、欧元等货币，个别国家对超过一定兑换数额的换汇情况有特别要求。比如，为了打击黑市和严控汇率大幅波动，从2016年1月6日起阿塞拜疆政府要求兑换额超过500美元时换汇者必须出示有效证件，并关闭了200家非银行换汇点。随着阿塞拜疆外汇市场逐步稳定，2017年4月阿塞拜疆议会全体会议通过《外汇调节法》修正案，并支持非银行机构设立外汇兑换点。

除俄罗斯外，其余七国的当地货币不可与人民币直接结算。2003年1月1日，根据中俄两国中央银行签订的《中国人民银行与俄罗斯联邦中央银行关于边境地区贸易的银行结算协定》，开启了中俄贸易本币结算新时代。2008年8月8日，中俄签署了在双边贸易中扩大卢布和人民币结算范围的文件。2010年11月22日、12月15日，中俄先后在两国外汇市场启动人民币和卢布挂牌交易，俄罗斯也成为中国境外首个有组织的人民币交易市场。2014年10月13日，中国人民银行与俄罗斯联邦中央银行签署了规模为1500亿元人民币/8150亿卢布的双边本币互换协议，旨在为双边贸易及直接投资提供便利，促进两国经济发展。2014年莫斯科交易所人民币交易量增长了8倍，达到3950亿卢布（480亿人民币），其中，10月份的日平均交易量达到创纪录的

5.41亿人民币。莫斯科交易所自2015年3月17日起开始办理人民币/卢布期货交易。2017年3月22日，中国工商银行在莫斯科正式启动人民币清算行服务。蒙古国和欧亚七国当地货币及汇率情况见表3-13。

表3-13　蒙古国和欧亚七国当地货币

国别	当地货币
俄罗斯	俄罗斯货币为"卢布"。俄罗斯外汇调节监管法规定，卢布为自由兑换货币。在俄罗斯的任何金融机构、兑换点，卢布与美元和欧元可随时相互兑换。2014—2018年卢布对世界主要货币呈贬值趋势。2019年3月31日，卢布对美元的汇率为64.73∶1，卢布对欧元的汇率为72.72∶1。2017年3月22日，中国工商银行在莫斯科正式启动人民币清算行服务
蒙古国	蒙古国货币为"图格里克"，在蒙古国的任何金融机构、兑换点，与美元、欧元、人民币可随时互相兑换。2012—2018年图格里克对美元汇率呈下降趋势，2018年12月1日，蒙古国央行公布的图格里克兑美元、欧元和人民币的汇率分别为2637.35∶1、3002.43∶1和383.03∶1
格鲁吉亚	格鲁吉亚货币为"拉里"。格鲁吉亚外汇管理法规定，拉里为可自由兑换货币。在格鲁吉亚的任何金融机构和兑换点，拉里与美元、欧元、英镑等可随时兑换。近五年来，拉里兑美元和欧元汇率均呈下降趋势，近一年来拉里兑卢布汇率呈上升趋势。2019年第一季度，1美元兑2.67拉里，1欧元兑3.03拉里
阿塞拜疆	阿塞拜疆法定流通货币是"马纳特"。阿塞拜疆境内任何一家银行机构均可将马纳特与美元、欧元、俄罗斯卢布等进行自由兑换，但人民币不能与马纳特直接兑换。2006年1月，新马纳特（AZN）取代旧马纳特正式进入流通，对美元初始汇率为0.92∶1，此后，马纳特不断升值。2010年以来，马纳特对美元汇率一直保持稳定（0.78∶1）。阿塞拜疆央行于2015年2月21日和12月21日分别对本币马纳特实行断崖式贬值，马纳特兑美元、欧元的累计贬幅分别达98.8%和79%，领跑于独联体国家。2017年阿塞拜疆央行实现完全浮动汇率制。2019年6月，马纳特兑美元平均汇率为1.70∶1，兑欧元平均汇率为1.9183∶1，对俄罗斯卢布平均汇率为2.65∶100
白俄罗斯	白俄罗斯货币为"白俄罗斯卢布"（简称"白卢布"）。白俄罗斯从2016年7月1日起发行新的白俄罗斯货币。新版货币最大纸币面值由原来的20万白卢布变为500白卢布，相当于原流通的500万白卢布，按原白俄罗斯卢布对美元汇率，约合300美元。2016年7月1日，白俄罗斯央行汇率为1美元兑换2卢布。近年来，白卢布汇率呈下降趋势。2018年白俄罗斯卢布对美元平均汇率为2.0366∶1，兑欧元平均汇率为2.4054∶1，兑100俄罗斯卢布平均汇率为3.2563
摩尔多瓦	摩尔多瓦货币是"列伊"。2018年12月31日摩尔多瓦中央银行公布的列伊对美元和欧元的汇率分别为16.91∶1和19.20∶1。近年来，摩尔多瓦列伊对世界主要货币的汇率呈下降趋势。目前，人民币与列伊不能直接兑换，需通过美元、欧元、英镑等货币进行间接兑换

国别	当地货币
乌克兰	乌克兰货币为"格里夫纳"。乌克兰外汇管理法规定,格里夫纳为可自由兑换货币。在金融机构和兑换点,格里夫纳与美元和欧元可随时买卖。自乌克兰危机爆发以来,格里夫纳对美元汇率从1美元兑8.25格里夫纳大幅下跌。2014年2月7日,乌克兰央行放弃紧盯美元的外汇政策,开始采取灵活的汇率政策。2015年2月5日,乌克兰央行放弃指导性汇率、放开汇率波动空间,以银行中间价作为央行官方汇率,利率实现完全市场化。乌克兰国家银行2019年5月24日发布官方汇率:格里夫纳兑换美元的汇率为26.33:1,兑换欧元汇率为29.34:1,兑换人民币汇率为3.81:1
亚美尼亚	亚美尼亚于1993年11月22日零时起在境内正式使用货币"德拉姆"。自2014年11月起,受国际石油价格暴跌和俄罗斯卢布大幅贬值的连带影响,德拉姆持续贬值。2014—2018年德拉姆兑美元平均汇率分别为415.92:1、477.92:1、480.5:1、482.72:1、483:1

资料来源:作者整理

2. 外汇管理

在蒙古国和欧亚七国,外国人均可在指定银行自由开立外汇账户。乌克兰是外汇管制国家,俄罗斯、格鲁吉亚、蒙古、阿塞拜疆等国外汇账户内资金可自由汇出,部分国家在某些情形下需缴纳税金或手续费。格鲁吉亚外汇法律规定,在格鲁吉亚注册的外国企业可以在格商业银行开设外汇账户,用于办理与外币有关的结算。外汇进出格鲁吉亚无须申报,也不受限制。外汇贷款本金(凭相关协议文件)汇出时无须缴纳任何税金,偿还外汇贷款利息汇出时需缴纳汇款金额10%的税金,利润汇出需凭企业缴纳利润税和其他应纳税的证明办理,企业利润税率为15%。阿塞拜疆《外汇调节法》规定,外资企业可在当地银行开立外汇账户,用于进出口结算。贸易往来汇出外汇金额超过规定限额(5万美元)时需要申报并提供完税证明或资金来源证明,同时缴纳手续费(一般不超过汇出金额的1%)。在蒙古国从事经营活动的外国投资者,在缴纳相应税赋后,有权将个人所得、股份红利、出售财产和有价证券所得直接汇往国外。主要包括:个人应得的股权收入和股份利润;变卖资产和有价证券、转让财产权、退出企业或企业撤销时个人应得的收入。外商在蒙古国取得外汇的基本途径有:携带入蒙(超过一定数额须向海关申报);接到外国汇来的外汇;外国投资企业的出口外汇收入,但这部分外汇收入须是上交国家后企业留成部分中的。乌克兰则属外汇管制国家,外汇账户资金汇出境外需经乌克兰国家银行审核。

蒙古国和欧亚七国外汇制度各有特色。蒙古国实行外汇上缴与外汇留成制度。出口收入管理方面，企业和合作社根据国家出口指标所获得的没有超过指标的外汇收入，一般要全部上缴国家；超过指标的外汇收入可全部保留。没有出口指标的企业和合作社，可分别保留其出口收入的50%和90%。旅游机构的外汇收入必须上缴40%，国际航空公司上缴90%。上缴的确切比例由财政部依据以上比例逐项做出具体规定。个体出口商可保留全部外汇收入。留成外汇可存入外汇账户，符合有关规定的使用不受限制，也可通过协商出售。非贸易收支管理方面，外汇预算也适用于与可兑换货币区域的非贸易收支。学生和游客为旅游和商务目的，可按官价限量购买外汇。用于国外医疗的外汇必须逐项审核。目前不允许将外汇用在与商品贸易无关的非贸易支付方面。按照1993年5月的《外国投资法》，以可兑换货币投资所获得的股息和利润可以汇出。2017年，乌克兰修订货币法，并在欧盟委员会支持下，制定统一的《外汇法》草案，2018年5月17日乌克兰议会一度通过了该法案，取代25年前制定的相关法律。该法取消或放松了乌克兰货币市场的二十多项限制性措施，将依据"法无禁止即可为"原则，为外汇业务开展自由和简单、透明和不矛盾的外汇监管提供保证。新的法律主要规定如下：海外投资不需单独许可；取消15万格里夫纳额度以下交易的外汇监管；信息提供用于统计，而非为获许可；吸引未注册非居民贷款；取消对银行及其客户的无效行政压力；放宽/取消对违反外汇监管的制裁；国家银行预防和克服金融危机的能力；遵守欧盟标准并支持乌克兰国际合作伙伴。2018年7月20日，乌克兰总统签署了《关于对乌克兰促进吸引外国投资若干立法进行修订》法案，允许外国金融中介机构进入乌克兰金融市场，简化了外国投资进入乌克兰的程序。白俄罗斯外汇法规将常驻机构和外国常驻机构之间的外汇业务分为经常性外汇业务（对于此类业务限制较少）和与资金流动有关的外汇业务（一般要求常驻机构出具白俄罗斯中央银行的专门许可）两类。常驻机构和外国常驻机构之间的经常性外汇业务不受限制，但根据赠与合同（包括捐赠形式）由常驻机构向外国常驻机构转款的外汇业务除外，这些外汇业务需经中央银行许可。法律规定的经常性外汇业务包括：现金、有价证券和（不动产除外的）商品进口和（或）出口贸易、受保护的信息、知识产权、工程、服务的交易结算；租赁交易的结算；汇兑和取得红利及其他投资收益。按照法律规定，非贸易类业务包括：汇兑和取得工资、津贴、奖学金、退休金、抚养费、国家补助、补贴、补偿的钱款，以及损害赔偿；向白俄罗斯境外的员工支付差旅费；汇兑和取得遗产金及遗产变现后的资金；汇兑和取得公民死亡的相关费用，包括安葬、运输和其他支出的津贴和抚恤金；镇压受害者及其家庭成员、继承人获得的赔偿；向白俄罗斯设立在境外的外交机构、其他官方代表处和领事机构汇兑管理维护费用；法庭、国际（仲裁）法庭、执法机关、国家公证机关、公证处及国家机关或其他机关在其公职人员执行公证工作时收取的费用；根据法院判决和其他程序文件汇兑和取得的钱款；注册费用，入学费用，社会、地区、国际组织会费，以及与参与国际组织有关的其他必要支出的汇兑；根据符合白俄罗斯法律规定的赠与合同（包括捐赠形式），无偿提供（赞助）汇兑和取得白俄罗斯卢布、外汇、其他货币；常驻机构为外国常驻机构保管的外汇；白俄罗斯法律或外国法律规定的税收、关税和其他必须缴费及退税的转账；向专利局付税或缴纳其他费用的转账；汇兑和收取支付会议、进修、体育比赛、展览、展销的参与费用；转账返还错收和（或）多收的欠款；其他业务的清单由白俄罗斯总统或由内阁根据总统委托制定，或由白俄罗斯国际合同确定。与资金流通有关的外汇业务是指除经常性外汇业务之外的所有外汇业务，包括：创办人在分配股份时购买股份、注册资金份额或外国常驻机构资产份额；从外国常驻机构购买由外国常驻机构发行的有价证券，创办人在分配股份时购买股份除外；购买位于白俄罗斯境外的且根据白俄罗斯法律属于不动产的资产；在资产管理条件下在外国常驻银行中存放资金或向外国常驻机构（不包括外国常驻银行）汇兑资金；提供借款；获得贷款和（或）借款；对外汇业务主体——常驻机构（除银行外）作为国外常驻机构的担保人，根据与国外常驻机构签订的担保合同履行义务进行的结算；对外汇业务主体——常驻机构（除银行外）作为国外常驻机构的担保人，根据与国外常驻机构签订的债务转让或债权转让合同履行义务进行的结算。如果法律或白俄罗斯总统令中未做其他规定，常驻机构在进行与资金流通相关的外汇业务时，需要获得白俄罗斯中央银行的许可。外国常驻机构在进行这些业务时无须获得中央银行的许可。

　　乌克兰和白俄罗斯对本国结汇制度做了相关调整。乌克兰属外汇管制国家，在进出口结汇方面，乌克兰国家银行逐步放宽2014—2015年在货币市场实施的临时限制，降低外汇收入强制结汇要求，扩大外汇收入汇款期限，取消服务外包外汇管制等。乌克兰法律规定：企业进口所需的外汇，可通过持有外汇经营许可证的商业银行，在乌克兰银行间外汇交易所购买；支付外国出口商货款可凭进口合同在外汇交易所调汇后按合同额汇出。乌克兰外贸企业及外资企业必须定期向有关部委及授权银行提交进出口报关单、进出口额、在外国银行开户账户存款、投资及其他有关情况。2016年3月，乌克兰国家银行将居民外汇取款限制由每天2万格里夫纳等值扩大到5万格里夫纳、购汇由每日3000格里夫纳等值扩大到6000格里夫纳。2016年9月，乌克兰国家银行开始实施限制，规定居民每人每天取款不得超过25万格里夫纳等值；自然人购汇额度每日不得超过1.2万格里夫纳。自2017年1月1日起，乌克兰已停征购买现汇的2%手续费，也不再额外征收养老金。2017年8月，乌克兰国家银行在官方网站宣布，取消通过款台和自动提款机从活期账户和储蓄账户提取外汇和银行金属现金的限制。从2017年8月4日起，乌克兰国家银行扩大银行间外汇兑换能力，将银行间市场每日净结汇上限由2200万美元提高至4400万美元。作为欧亚经济联盟框架下进一步协调外汇法律的补充措施，2016年8月1日，白俄罗斯国家银行董事会第424条决议规定，从9月1日起，白俄罗斯结汇率下调10个百分点，降至20%（2014年12月从30%增至50%、2015年2月下调至40%、2015年4月下调至30%）。根据欧亚经济联盟框架内达成的协议，从2017年1月1日起，将完全取消对经济主体的强制结汇制度和外汇资本运作许可证制度。

蒙古国和欧亚七国对外国人携带现金出入境有不同规定。根据俄罗斯法律规定，旅客携带外币现钞等值10000美元（含10000美元）以下出入境，无须填写海关申报单。携带卢布超过俄联邦所规定最低劳动报酬的500倍、外币等值10000美元（含10000美元）以上出入境，需要填写海关申报单，选择"红色通道"，向海关如实申报。格鲁吉亚携带外汇现金入境无任何限制；携带现金数额超过等值3万拉里出境时需申报。为防止资金外流，2017年2月阿塞拜疆央行对国内常住和非常住居民向境外汇款额度进行修改，允许自然人每月最多向境外汇款3万美元。蒙古国和欧亚七国外汇管理情况见表3-14。

表3-14　蒙古国和欧亚七国外汇管理情况

国别	外汇管理
俄罗斯	根据俄罗斯《外汇调节监管法》，外国人可以在指定银行自由开立外汇账户，存入带进、汇进的资金，接收经营或投资收益、利息等，也可使用账户内的资金支付商品和劳务，用于储蓄生息。账户内的资金可不受限制地汇出境外，包括投资收益和分红。利润为税后部分，可以自由汇出。2006年6月末，俄罗斯联邦政府通过了对《外汇调节及监管联邦法》的有关修订，规定从2006年7月1日起取消对外汇资本流动的有关限制，允许居民自然人和法人开立境外账户，并取消了自然人向境外账户汇款不能超过15万美金的限制。根据俄罗斯法律规定，旅客携带外币现钞等值10000美元（含10000美元）以下出入境，无须填写海关申报单。携带卢布超过俄联邦所规定最低劳动报酬的500倍、外币等值10000美元（含10000美元）以上出入境，需要填写海关申报单，选择"红色通道"，向海关如实申报
蒙古国	根据蒙古国《外汇法》，国家大呼拉尔负责管理外汇和批准年度综合计划部分的国家外汇预算。财政部根据此国家外汇预算和推算出的外汇收入制定出各部门的外汇分配计划，国家银行——蒙古银行是蒙古国外汇管理的主要协调机构，确保分配的顺利完成。各商业银行在蒙古国银行的授权下可从事外汇交易。在蒙古国注册的外国企业可以在蒙古国的银行开设外汇账户，用于进出口结算。一年中，在外汇用完时，可动用临时性可使用的外汇资源进行追加分配。国家对个人和企业的外汇使用和存储不加限制。国内外的个人和企业均可在指定的银行开立外汇账户。出口收入和从国外转入的外汇可以存入账户。对账户中的资金使用没有限制。在蒙古国从事经营活动的外国投资者，在缴纳相应税赋后，有权将个人所得、股份红利、出售财产和有价证券所得直接汇往国外。主要包括：①个人应得的股权收入和股份利润；②变卖资产和有价证券、转让财产权、退出企业或企业撤销时个人应得的收入。外商在蒙古国取得外汇的基本途径有：①携带入蒙（超过一定数额需办理海关申报）；②接到外国汇来的外汇；（注：以上两项通常无数量限制。）③外国投资企业的出口外汇收入，但这部分外汇收入须是上交国家后企业留成部分中的。另外，外国游客为旅游和商业目的，可按官价限量购买外汇。外商获得的出口收入和从国外汇来的外汇可以在指定银行开立外汇账户，存取和使用不受限制。大量外汇进出蒙古国需要到海关部门申报
格鲁吉亚	在格鲁吉亚注册的外国企业可以在格鲁吉亚商业银行开设外汇账户，用于办理与外币有关的结算。外汇进出格鲁吉亚无须申报，也不受限制。外汇贷款本金（凭相关协议文件）汇出时无须缴纳任何税金，偿还外汇贷款利息汇出时需缴纳汇款金额10%的税金，利润汇出须凭企业缴纳利润税和其他应纳税的证明办理，企业利润税率为15%。携带外币现金入境无任何限制。携带现金数额超过等值3万拉里出境时需申报。在格鲁吉亚工作的外国人，其合法税后收入可全部转出；外国企业税后收入和撤资也可自由转往国外

续表

国别	外汇管理
阿塞拜疆	根据阿塞拜疆《外汇调节法》规定，外资企业可在当地银行开立外汇账户，用于进出口结算。贸易往来汇出外汇金额超过规定限额（5万美元）时需要申报并提供完税证明或资金来源证明，同时缴纳手续费（一般不超过汇出金额的1%）。在阿塞拜疆合法工作的外国人完税后可将个人收入全部汇出。外国人携带1000美元以上现金出境时须向海关申报，海关对超出限额以上的现金收取1%的手续费，但出境携带现金总量不能超过1万美元。为防止资金外流，2017年2月阿塞拜疆央行对国内常住和非常住居民向境外汇款额度进行修改，允许自然人每月最多向境外汇款3万美元。其中，通过银行账户可汇1万美元，没有开通银行账户可汇1万美元，向近亲可汇1万美元。此外，阿塞拜疆央行还推出其他相关措施来管制资本外流
白俄罗斯	如果携带的现金折合金额超过1万美元，则须依法履行报关手续。入境时如不申报，白俄罗斯海关部门将按照规定没收其超出部分；出境时，如果携带的现金折合金额超过1万美元，则需出示入境时填写并核准的报关单据
摩尔多瓦	根据《摩尔多瓦企业注册法》《摩尔多瓦外汇管理细则》和《摩尔多瓦海关法》的相关规定，在摩尔多瓦依法注册的外资企业可以在当地开立外汇账户，用于对外结算。1995年6月30日，摩尔多瓦接受了IMF协议的有关条款，允许外汇业务的自由化。摩尔多瓦对外币与摩尔多瓦货币的相互兑换无限制；允许出口商将其收入存入自己的外汇账户，注册投资基金超过25万美元的外资企业无需将所得外汇卖给国家；外国投资者有权将其投资所得利润汇回国内；向非本国居民提供贷款和担保及其他形式的资本需得到摩尔多瓦国家银行的许可。根据摩尔多瓦政府2015年最新规定，外国人、长住居民或非长住居民进入和离开摩尔多瓦时须向海关申报所有摩尔多瓦列伊或外汇的现金纸币、硬币、支票。非长住居民可以从摩尔多瓦带出总额不超过其进入摩尔多瓦时向海关或其海关授权的机关申报的外汇数额，或不超过摩尔多瓦国家银行规定的允许带出摩尔多瓦的货币总额。带出摩尔多瓦的现金总额不得超过5万美元（或等值的其他外汇）。超过5万美元（或等值的其他外汇）的货币不能以现金形式带出摩尔多瓦，只能通过银行转汇

国别	外汇管理
乌克兰	乌克兰法律规定，在乌克兰注册的外国企业可以在指定银行自由开立外汇账户用于经营活动、进出口和资本结算。乌克兰属外汇管制国家，外汇账户资金汇出境外需经乌克兰国家银行审核。2016年3月，乌克兰国家银行将居民外汇取款限制由每天2万格里夫纳等值扩大到5万格里夫纳、购汇由每日3000格里夫纳等值扩大到6000格里夫纳。2016年9月，乌克兰国家银行开始实施限制，规定居民每人每天取款不得超过25万格里夫纳等值；自然人购汇额度每日不得超过1.2万格里夫纳。自2017年1月1日起，乌克兰已停征购买现汇的2%手续费，也不再额外征收养老金。2017年8月，乌克兰国家银行在官方网站宣布，取消通过款台和自动提款机从活期账户和储蓄账户提取外汇和银行金属现金的限制。从2017年8月4日起，乌克兰国家银行扩大银行间外汇兑换能力，将银行间市场每日净结汇上限由2200万美元提高至4400万美元。关于携带外汇出境，乌克兰规定携带乌克兰以外国家的存折、债券和银行、企业及其他机构的股票出境，须进行海关申报并出示携带外汇所有人的携带委托书及其公证文件；携带外汇现钞的限制为10000欧元或等值货币。2018年7月20日，乌克兰总统签署了《关于对乌克兰促进吸引外国投资若干立法进行修订》法案，允许外国金融中介机构进入乌克兰金融市场，简化了外国投资进入乌克兰的程序。2019年2月7日，《外汇和外汇业务法》正式生效，取代25年前制定的相关法律。该法取消或放松了乌克兰货币市场的二十多项限制性措施，将依据"法无禁止即可为"原则，为外汇业务开展自由和简单、透明和不矛盾的外汇监管提供保证
亚美尼亚	亚美尼亚《外汇调节与外汇监管法》规定，国家不对外汇进行国家管制，外汇可自由兑换。在亚美尼亚注册的企业和法人机构可在亚美尼亚银行开设外汇账户，但要求需通过银行进行对外贸易结算付汇。企业税后利润可自由汇出，个人可以随身携带1万美元或等值的其他外汇出境，超过此限额需出具银行水单，带入外汇不受限制

资料来源：作者整理

3. 银行机构和保险公司

蒙古国和欧亚七国中，俄罗斯金融机构最为发达。截至2018年12月31日，俄罗斯共有信贷机构484家，其中银行440家，非银行金融机构44家。银行总资产为94.1万亿卢布，占GDP的90.6%。截至2018年底，俄罗斯共有各类保险机构275家，其中保险公司199家，保费总金额为1.48亿卢布。2016年7月，俄罗斯总统普京签署法令批准成立国家再保险公司。根据该法令，国家再保险公司属于股份公司，目的是对被保险人财产权益和保险公司财务稳定提供补充保障。该公司由俄罗斯央行全资控股。2017年1月1日后，保险公司的再保险义务移交给国家再保险公司。根据该法案，2018年1月1日后，再扩展到适用于2017年1月1日前签署的再保险协议。阿塞拜疆商业银行数量多、规模小，虽然央行一直采取措施减少商业银行数量，但收效不大。此外，贷款利率高，中国企业一般不在阿塞拜疆商业银行举债。中国的商业银行通常也不接受阿塞拜疆银行开具的信用证，而一些中国企业接受阿塞拜疆银行开出的信用证后，并未按条件得到货款。如果中国企业希望和阿塞拜疆企业进行此类交易，建议先取得中国信保的担保。摩尔多瓦根据有关法律法规建立了两级银行体系，在此框架下，国家银行作为中央银行不参与商业银行的活动。

中国金融机构尚未在亚美尼亚、摩尔多瓦、阿塞拜疆和乌克兰等国设立分支机构或代表处。近年来，中国银行、中国工商银行、中国农业银行、中国建设银行、中国国家开发银行、中国进出口银行等都于俄罗斯银行开设了代理账户。中资银行在俄罗斯业务较为简单，大致分为国际贸易、非贸易结算业务、少量的信贷业务和代办外汇监管。与中国国内银行合作较多的当地主要代理银行有：俄罗斯储蓄银行、俄罗斯对外贸易银行、莫斯科银行、欧洲金融莫斯科人民银行等。中国国家开发银行在白俄罗斯设有代表处。

外资银行或保险公司进入蒙古国和欧亚七国金融市场有一定限制。俄罗斯禁止外资投资人寿保险业；禁止外资银行设立分行；禁止外国保险公司参与其强制保险方案。2012年俄罗斯正式加入世贸组织后，根据俄罗斯入世议定书，俄罗斯承诺加入世贸组织九年后允许外资保险公司建立分支机构，允许外国银行建立分支机构，单个银行业机构中外资资本不设上限，但俄罗斯联邦整体银行体系中外资不得超过50%。但是这些分支机构不能经营强制险（强制汽车责任保险除外）以及政府采购保险。开设和经营此类分支机构将以获得许可证、保证金融稳定、缴纳保证金等为要求。此外，还对拟在俄罗斯境内开设分支机构的母公司提出一定要求（包括对资产数额、工作经验的要求）。按照蒙古国的有关法律，外资银行可以在蒙古国开设全资外资银行，但实际上蒙古国至今还没有批准过任何一家全资的外资银行。目前，中国银行正在积极申请并筹建在蒙古国开设经营性机构，但受政治因素影响和部分蒙古国本地银行抵制，蒙古国央行始终未批准向中国银行颁发经营性机构牌照。根据阿塞拜疆相关法律规定，开立商业银行的最低资本金为1000万马纳特。但为了整顿金融体系和确保金融领域的稳定，2012年7月25日阿塞拜疆央行批准关于将阿塞拜疆现行银行最低资本总额以及将来新建银行最低法定资本额从1000万马纳特提高至5000万马纳特（约6360万美元，按当时汇率计算）的决议，并于2015年1月1日生效。1995年6月和7月，摩尔多瓦议会通过了关于国家银行和金融机构的新法律。新法律旨在加强国家银行在实施货币和外汇政策中的作用，为安全和持续的金融体系提供法律框架。蒙古国和欧亚七国银行等金融机构见表3-15。

表3-15　蒙古国和欧亚七国银行机构和保险公司

国别	银行机构和保险公司
俄罗斯	【中央银行】俄罗斯中央银行的正式名称为俄罗斯银行，主要职能是制定货币政策和信贷政策。2013年，俄罗斯修改央行法，使其成为俄罗斯金融市场的统一监管机构。对信贷机构活动、有价证券和保险市场进行监管 【主要商业银行】俄罗斯实行二级银行体系。923家信贷机构中，商业银行有908家，其中正常经营的商业银行只有517家。俄罗斯最大的商业银行有：俄罗斯储蓄银行、俄罗斯外贸银行、天然气工业银行、俄罗斯外贸24小时银行、俄罗斯农业银行、莫斯科银行、阿尔法银行等。俄罗斯联邦储蓄银行（SBERBANK）位居2019年财富世界500强第255位，2018年纯利润为132.69亿美元 【外资银行】截至2018年12月31日，100%外资参股的信贷机构数量为141家，总注册资本为27万亿卢布，外资参股超50%的信贷机构数量为77家。主要的外资银行包括：德国德累斯顿银行、德意志银行、美国花旗银行、法国兴业银行、英国贝克莱银行、奥地利Raiffsaen银行、日本丰田银行、梅赛德斯银行等 【在俄中资银行】近年来，中国银行、中国工商银行、中国农业银行、中国建设银行、中国国家开发银行、中国进出口银行等都与俄罗斯银行开设了代理账户。中资银行在俄罗斯业务较为简单，大致分为国际贸易、非贸易结算业务、少量的信贷业务和代办外汇监管 与中国国内银行合作较多的当地主要代理银行有：俄罗斯储蓄银行、俄罗斯对外贸易银行、莫斯科银行、欧洲金融莫斯科人民银行等 【保险公司】2016年7月，俄罗斯总统普京签署法令批准成立国家再保险公司。根据该法令，国家再保险公司属于股份公司，目的是对被保险人财产权益和保险公司财务稳定提供补充保障。该公司由俄罗斯央行全资控股。2017年1月1日后，保险公司的再保险义务被移交国家再保险公司。根据该法案，2018年1月1日后，再扩展到适用于2017年1月1日前签署的再保险协议
蒙古国	【中央银行】蒙古银行，主要任务是制定并执行货币政策，及时调整货币供应；监督商业银行业务经营；组织商业银行间清算；管理国家外汇储备；货币发行；制定财政年度货币管理方针并提交国家大呼拉尔讨论 2009年11月24日，蒙古国央行重组ZOOS BANK后，以其中部分优质资产为主体成立了国家银行（STATE BANK OF MONGOLIA），该行100%由蒙古国财政部所有。2009年10月14日，蒙古国两家商业银行——邮政银行（Mongol Post bank）和蒙古储蓄银行（Savings Bank）宣布合并。2010年4月6日，蒙古储蓄银行和邮政银行合并后组成的新银行——储蓄银行（Savings Bank）正式成立。2011年5月，蒙古国正式成立100%国有的蒙古开发银行（Development Bank of Mongolia），负责国家即将实施的大项目融资。2019年4月，蒙古国中央银行对蒙古国资本银行（Capital bank）进行清算，该银行拥有企业和个人账户25.6个，依照相关规定，返还储蓄账户金额不超过2000万蒙图的个人和企业存款

续表

国别	银行机构和保险公司
蒙古国	【商业银行】目前蒙古国排名前四大的商业银行分别是汗银行（Khan Bank）、郭勒蒙特银行（Golomt Bank）、贸易发展银行（Trade Development Bank）、哈斯银行（Khas Bank） 【中资银行】2013年1月，中国银行乌兰巴托代表处正式设立；2017年，中国工商银行蒙古国代表处获蒙古国央行正式批准，成为继中国银行后第二家获批在蒙古国设立代表处的中资银行，也是蒙古国仅有的五家外资商业银行代表处之一 【保险公司】蒙古国保险市场有15个非寿险公司和1个寿险公司，较大的保险公司包括MIG保险公司、Bodi保险公司、Ard保险公司、Tenger保险公司以及Soyombo保险公司等。主要业务范围包括火险和财产险、强制性司机责任险、车辆损失保险、个人意外和医疗费用险
格鲁吉亚	【中央银行】格鲁吉亚国家银行（National Bank of Georgia），主要负责本国货币发行，制定货币政策，利率政策，外汇管理，对商业银行实行监管、与金融有关的统计、分析和调控，并维护本国金融稳定 【商业银行】截至2019年3月底，格鲁吉亚境内共计15家商业银行，其中14家外资控股银行。商业银行总资产达394亿拉里，银行股本53亿拉里，占商业银行总资产的13.4%。当地主要商业银行有：TBC银行、格鲁吉亚银行和Cartu银行等 【当地外资银行】主要有 TBC银行、英国"格鲁吉亚银行"、俄罗斯"VTB银行"、哈萨克斯坦"丝路银行"、德国"职信银行"（即ProCredit银行）、华凌"基础银行"（Basis Bank）等 【中资银行】目前，在格鲁吉亚的中资银行有新疆华凌集团收购的基础银行（Basis Bank） 【保险公司】主要有：Aldagi、GPI Holding、PSP Insurance和Unison
阿塞拜疆	【银行机构】根据阿塞拜疆相关法律规定，开立商业银行的最低资本金为1000万马纳特。但为了整顿金融体系和确保金融领域的稳定，2012年7月25日阿塞拜疆央行批准关于将阿塞拜疆现行银行最低资本总额以及将来新建银行最低法定资本额从1000万马纳特提高至5000万马纳特（约6360万美元，按当时汇率计算）的决议，并于2015年1月1日生效 【商业银行】目前，阿塞拜疆主要商业银行有阿塞拜疆国际银行（阿塞拜疆国内第一大银行）、Pasha Bank、Kapital Bank、Access Bank、UniBank、VTB Bank等。2015年7月，阿塞拜疆总统阿利耶夫批准有关对阿塞拜疆国际银行私有化的命令。2017年5月，阿塞拜疆国际银行向美国纽约法院提交破产申请，申请破产保护后该银行可以得到33.4亿美元的外债重组资金支持。该银行的对外负债将用阿塞拜疆主权债券作为交换 【中资银行】目前，在阿塞拜疆没有中资银行 截至2019年1月1日，阿塞拜疆保险业资产同比增长22.6%，达到12.33亿马纳特（约合7.25亿美元） 【保险公司】近年来，阿塞拜疆保险市场持续发展，保险业务涉及社会经济各个领域，主要险种包括寿险、财产险、不动产险、交强险及商业车险、商业医疗险等。2016年1月1日，阿塞拜疆正式加入国际汽车保险"Green Card"体系。截至2018年底，阿塞拜疆有21家保险公司，1家再保险公司，24家保险经纪公司和806家保险代理公司

续表

国别	银行机构和保险公司
白俄罗斯	【中央银行】白俄罗斯国家银行，负责制定有关金融信贷政策，协助政府就宏观经济运行状况进行调控，并保障白俄罗斯卢布的稳定，包括外汇的购买能力和汇率稳定 【商业银行】在白俄罗斯共注册有32家商业银行，26家有外国参股，其中外资占50%以上的有23家，9家为外国独资银行，外国银行代表处有8家，外资在白俄罗斯银行中的比重为24.4%。较大的银行有：白俄罗斯银行、白俄罗斯农工银行、普里奥尔银行、白俄罗斯工业建设银行、白俄罗斯外经银行和白俄罗斯天然气工业银行。其中白俄罗斯银行在北京设有代表处 【中资银行】中国国家开发银行在白俄罗斯设有代表处
摩尔多瓦	【国家银行】摩尔多瓦国家银行（National Bank）是唯一对金融机构经营活动发放许可、监督、管理的机构。摩尔多瓦国家银行对议会负责，主要职责是：确保货币稳定，根据国家法律制定并实施货币、信贷和外汇政策，确保对商业银行资金流动及信贷的监管，监控支付系统，保证对外支付平衡，管理国库、国家储备和外债。根据与IMF的有关协议，列伊为经常账户项下可自由兑换的货币。自1995年7月以来，摩尔多瓦国家银行根据银行间市场情况确定兑换率。国家银行同时使用不同的间接货币政策手段，如开放式市场运作，包括国库券的买卖、反向协议、抵押优惠、规定储备、国家银行基础汇率等 【商业银行】目前在摩尔多瓦正式注册的商业银行共有11家，其中大部分为私营银行，Mobiasbanca为法国兴业银行在摩尔多瓦的合资银行。所有商业银行均开展国际通行的商业银行经营业务，包括本外币货币存贷、国际贸易结算、商业担保等。根据摩尔多瓦现行法律规定，摩尔多瓦国家银行负责监管商业银行业务，制定商业银行运作规则及法规细则。目前摩尔多瓦国家银行制定的有关商业银行的法规是《国家银行法》和《关于金融机构和国家银行法律细则》。根据《金融机构法》，摩尔多瓦国家银行根据商业银行标准资本金总和水平发放相应经营规模的许可证。2018年12月，摩尔多瓦银行市场上央行基准利率为6.5%。根据世界银行统计数据，2018年摩尔多瓦存款利率4.91%，贷款利率为10.52%，实际利率为8.17% 【中资银行】目前，中资银行尚未在摩尔多瓦设立分支机构
乌克兰	【中央银行】乌克兰国家银行，具有完全独立性。其主要职责包括：行使中央银行和银行监管职能，保证通胀目标，稳固财政和支付系统，主要职能包括发行货币，制定货币和信贷政策，审批发放银行营业许可，对金融机构进行监管。乌克兰储蓄银行、乌克兰进出口银行、普利瓦特银行、天然气银行是国有银行。普利瓦特银行是2016年底通过国有化从私营银行变为国有银行，也是乌克兰最大的商业银行。2018年8月，乌克兰财政部披露，2022年国有资本将退出普里瓦特银行。同时，乌克兰计划在2019年底之前将资本从乌克兰天然气银行退出 【商业银行】根据乌克兰国家银行统计资料，截至2018年底，在乌克兰拥有经营牌照的银行共77家，国家银行已累计清理150余家银行，亏损银行由2016年的33家缩减至13家

国别	银行机构和保险公司
亚美尼亚	【中央银行】1993年3月27日，亚美尼亚通过《亚美尼亚共和国中央银行法》，将国家银行更名为"亚美尼亚共和国中央银行"，其主要职能是：制定有关法律和行政法规；完善有关金融机构运行规则；发布相关命令和规章；依法制定和执行货币政策；管理银行间同业拆借市场和银行间债券市场、外汇市场、黄金市场；防范和化解系统性金融风险，维护国家金融稳定等 【商业银行】亚美尼亚共有二十余家商业银行，其中部分拥有外资股份或是全外资银行，外资在亚美尼亚商业银行的注册资本金中的比例超过62%。主要商业银行有：亚美尼亚阿美利亚银行、亚美尼亚商业银行（ABB）、亚美尼亚农业投资银行、转换银行、亚美尼亚储蓄银行、亚美尼亚农业互助银行（ACBA）、亚美尼亚经济银行、亚美尼亚银行、汇丰银行（HSBC）、法国农业信贷银行、俄罗斯外贸银行，哈萨克斯坦投资银行等 【保险公司】主要保险公司有6家：俄罗斯国家保险公司亚美尼亚分公司、亚美尼亚英戈保险公司、纳伊利保险公司、希尔保险公司、雷索保险公司和亚美尼亚保险公司。保险公司按功能可划分为个人保险公司和企业保险公司。个人保险有：车辆第三者责任强制保险、自愿险、财产保险、出国保险、医疗保险、旅游保险等。企业保险有：财产保险、建筑—维修工程保险、货物保险、医疗保险、旅游保险、货物运输保险、航空保险等 【中资银行】中国金融机构在亚美尼亚没有分支机构

资料来源：作者整理

4. 融资条件

在蒙古国和欧亚七国大部分国家中，外资企业在融资条件方面和当地企业一样，但存在融资难、融资成本较高等问题。蒙古国金融市场发展处于起步阶段，银行、证券市场规模小，资金实力有限，尚未完全融入国际金融体系，外资企业多带资进入蒙古国经营，很少在当地融资。格鲁吉亚商业银行美元贷款平均年利率约为8%，本币拉里贷款平均年利率在15%以上，融资成本较高。白俄罗斯对外国企业和中小企业贷款条件严苛，贷款利率较高，贷款利率通常达30%～40%，外资企业在当地融资不易。在亚美尼亚，中小企业融资困难，即使以资产作抵押，也只能贷到资产价值的30%～50%，故外资企业多不在当地融资。

俄罗斯、乌克兰等国货币贬值严重，外部环境堪忧。自2014年3月乌克兰危机升级以来，西方对俄罗斯发起多轮经济制裁，从而导致俄罗斯国内经济形势恶化，资本外逃情况严重，货币一路贬值。为扭转局面，2014年俄罗斯央行5次加息，使基准利率从5.5%升至17%。2015年俄罗斯中央银行5次降息，至2015年8月3日，基准利率已降至11%。2016年俄罗斯中央银行2次降息：6月14日降至10.5%，9月19日降至10%。2017年俄罗斯中央银行6次降息，将基准利率分别降至9.75%、9.25%、9%、8.5%、8.25%、7.75%。2018年2月12日和3月26日俄罗斯中央银行又将基准利率分别降至7.5%和7.25%，9月17日和12月17日将基准利率分别升至7.5%和7.75%。2019年7月，俄罗斯中央银行决定将基准利率下调0.25个百分点，降至7.25%。这是俄罗斯中央银行本年度第二次下调基准利率。随着俄罗斯中央银行基准利率的变化，各商业银行根据各自情况调整商业贷款利率，2014年俄罗斯企业一年期贷款加权平均利率由3月的10.66%上升至12月的16.73%，2015年由1月的19.82%降至12月的13.89%，2016年由1月的13.48%降至12月的11.99%，2017年由1月的11.73%降至12月的9.73%，2018年由3月的11.63%降至12月的11.04%。自乌克兰危机爆发以来，格里夫纳汇率暴跌，居民挤兑存款严重。为稳定汇率，收紧格里夫纳流动性，乌克兰中央银行一度将贴现率提高至30%，此后多次下调贴现率，从2017年底开始陆续6次将贴现率提高至18%，从2019年4月26日起，国家银行宣布贴现率降至17.5%。商业银行向央行借贷成本高，当地融资成本高，条件差，外国企业多不在当地融资。蒙古国和欧亚七国融资条件见表3-16。

表3-16　蒙古国和欧亚七国融资条件

国别	银行机构和保险公司
俄罗斯	俄罗斯海关法和政府税收法规定，外资重点投资项目可以享受优惠；俄罗斯地方政府可以在职权范围内利用地方财政收入或预算外资金向外资提供税收优惠、担保、融资及其他形式的支持。《俄罗斯联邦融资租赁法》规定，对租赁项目的实施给予联邦预算拨款并提供国家担保；为租赁项目提供投资贷款；银行及其他金融机构向租赁主体提供贷款所得利润可免缴3年以上的企业所得税；按照法律程序向租赁公司提供贷款优惠。自2014年3月克里米亚并入俄罗斯联邦，美国和欧洲对俄罗斯进行经济制裁，俄罗斯政府提出扩大与其他贸易伙伴国的本币结算，逐步弃用美元。俄罗斯财政部等政府部门着手完善本币结算法律、制度基础，并有意与中国在投资和贸易中开始尝试使用人民币结算。俄罗斯中央银行在银行业发展评估报告中指出，2019年6月俄罗斯个人卢布一年期以上存款加权平均利率超过2018年同期1.1个百分点，同期俄罗斯国内已出现个人卢布存款平均利率下调趋势，2019年下半年继续保持该趋势。俄罗斯中央银行对吸纳个人卢布存款金额最高的前10家银行进行统计显示，7月上旬个人卢布存款平均最高利率为7.27%，7月下旬为7.05%，8月上旬为6.82%

国别	银行机构和保险公司
蒙古国	蒙古国长期以来通货膨胀保持在较高水平且居民储蓄率较低，当地商业融资成本也较高。2016年7月，蒙古人民党执政后，曾将基准利率由11%提高至15%，之后不久又调整至14%。提高利率的主要目的是保护蒙古国外汇储备。目前，商业银行蒙币一年期存款利率约15%左右，普通商业贷款利率约20%左右。2011年5月，中国人民银行和蒙古银行在乌兰巴托签署两国双边货币互换协议，协议金额为50亿元人民币，有效期3年。2014年8月，两国央行签署了新的两国双边货币互换协议，协议金额为150亿元人民币。双边货币互换协议的签署，将对稳定蒙币汇率发挥重要作用。2017年经中蒙两国央行签署协议，将货币互换协议延期至2020年。外资企业在融资条件方面和蒙古国当地企业享受同等待遇。但由于蒙古国金融市场发展处于起步阶段，银行、证券市场规模小，资金实力有限，还未完全融入国际金融体系，因此外资企业多是带资入蒙经营，很少在当地融资。目前中资企业在蒙古国不能直接用人民币开展跨境贸易和投资合作
格鲁吉亚	在融资条件方面，外资企业与当地企业享受同等待遇，但是融资成本较高。格鲁吉亚商业银行美元贷款平均年利率约为8%，本币拉里贷款平均年利率在15%以上。目前尚不能使用人民币在格鲁吉亚开展跨境贸易和投资合作
阿塞拜疆	阿塞拜疆央行制定的基准利率为15%。现阶段，中资企业无法使用人民币在阿塞拜疆当地开展跨境贸易和投资合作
白俄罗斯	在白俄罗斯获得贷款难，而且利率较高，白卢布贷款利率达30%～40%，对外国企业和中小企业贷款条件尤其严格
摩尔多瓦	《摩尔多瓦经营活动投资法》规定，依法注册的外资企业在摩尔多瓦的一切经营活动享有国民待遇，在融资方面也享有相同待遇。外国企业获得贷款的基本条件是：摩尔多瓦政府不向外国企业提供贷款（低息或商业贷款）或是贷款担保；外国企业在出示正规资产证明、抵押证明或银行担保后可以向摩尔多瓦商业银行、金融机构或其他投资公司申请贷款，国家银行公布的基准利率为7%，贷款机构参照执行。由于贷款利率较高，外资企业很少在摩尔多瓦融资。摩尔多瓦政府只接受IMF、世界银行等国际金融组织援助性质的低息投资贷款（优惠贷款的年限不少于30年，年利率约0.75%）。摩尔多瓦政府原则上不吸纳国外商业贷款，国家不为商业贷款提供担保。目前在摩尔多瓦境内尚不能直接用人民币开展跨境贸易和投资合作
乌克兰	在融资条件方面，外资企业与当地企业享受同等待遇。融资基本条件包括公司经营许可、信用信息、纳税情况、项目可行性和风险评估报告、企业财政状况评估、融资必要性评估、贷款条件等。自乌克兰危机爆发以来，格里夫纳汇率暴跌，居民挤兑存款严重。为稳定汇率，收紧格里夫纳流动性，乌克兰中央银行一度将贴现率提高至30%，此后多次下调贴现率，从2017年底开始陆续六次将贴现率提高至18%，从2019年4月26日起，国家银行宣布贴现率降至17.5%

续表

国别	银行机构和保险公司
亚美尼亚	在亚美尼亚注册的外资企业与当地企业一视同仁，融资条件相同。大型企业、有资信并有实力的企业可直接向政府和银行（包括外资银行）融资或发行公司债券。有关国计民生的大企业可向亚美尼亚政府申请贷款。亚美尼亚政府按照既定计划把外国政府给亚美尼亚政府的优惠贷款以较高的利息转贷给这些大企业。有实力和资信的企业可以以出让股权为代价直接向银行（包括外资银行）融资。此外，企业还可发行债券，自行筹措资金，但需中央银行对资质风险进行评估，对发行规模进行审批。中小企业融资困难，不但利息高，还很难得到贷款，即使以资产作抵押，也只能贷到资产价值的30%～50%。2016年12月，亚美尼亚中央银行再贷款利率为6.25%，商业银行贷款利率为15.36%，2017年再贷款利率为6%，2018年再贷款利率维持6%不变。亚美尼亚当地最大银行"阿美利亚银行"可以为外国企业开具保函或转开保函，条件是企业有资金保障。企业法人应提供以下文件：申请单；参加招标申请（如果有的话）；营业执照副本；章程副本；专利/许可证副本（如果有的话）；董事或总会计师的护照复印件；所有自然人的护照复印件和所有法人的注册证书复印件；根据不同交易需要提供的其他文件

资料来源：作者整理

第四章

投资合作商业机会

一　产业基础

1. 工业

蒙古国和欧亚七国受地理环境影响，多数国家富有能矿资源，如俄罗斯、阿塞拜疆油气资源丰富，其中俄罗斯探明天然气储量居世界第一。俄罗斯铁、铝、铜、镍等金属矿产的储量和产量均居于世界前列，钾盐储量与加拿大并列世界首位。蒙古国铜、金矿储量居世界前列，乌克兰锰矿石储量居世界前列，格鲁吉亚则有世界闻名的"齐阿土拉"锰矿区。白俄罗斯境内有三十多种矿产分布在四千多个矿区，其中盐岩储量居独联体国家首位。因此，上述国家，特别是俄罗斯、蒙古国和阿塞拜疆的能矿产业均为其经济发展的重要支柱。

除蒙古国外，其他欧亚七国均为转型经济体，且曾经是苏联加盟共和国。这些国家工业产业基础较好，如俄罗斯具有强大的国防工业，白俄罗斯有苏联时期"装配车间"的称号，摩尔多瓦和乌克兰的军工行业也具备相当雄厚的基础，特别是乌克兰曾是苏联军事工业的重要基地。见表4-1。

表4-1 蒙古国和欧亚七国工业情况

国别	主要优势产业
俄罗斯	（1）石油天然气：石油天然气工业长期以来在俄罗斯经济中发挥核心作用，乌拉尔牌石油价格是俄罗斯制定国家财政预算的重要依据。主要企业包括：①俄罗斯天然气工业股份公司（GAZPROM），为俄罗斯营业额和利润最大的公司，也是世界最大的天然气开采企业；②卢克石油公司（LUKOIL），是俄罗斯最大的私人石油公司；③俄罗斯石油公司（ROSNEFT OIL），是俄罗斯最大的国有石油公司；④苏尔古特石油天然气股份公司（SURGUTNEFTEGAS）；⑤俄罗斯石油运输公司（Transneft），为俄罗斯国有石油运输公司，垄断俄罗斯国内生产石油的管线运输 （2）冶金行业：俄罗斯矿产资源丰富，铁、铝、铜、镍等金属矿产的储量和产量都居于世界前列，矿石开采和冶金行业在俄罗斯经济中发挥重要作用，冶金行业是俄罗斯重要的工业部门之一。冶金产品是俄罗斯主要出口商品之一。主要企业包括：①诺里斯克镍业公司（Norisk Nickel），为世界最大的镍和钯生产企业；②俄罗斯铝业联合公司（Rusal），是世界最大的铝和氧化铝生产企业；③北方钢铁公司（Severstal），是世界最大的黑色金属冶金公司之一；④欧亚集团（Euroasia），是世界最大的矿石开采和冶炼企业 （3）国防工业：俄罗斯国防工业继承了苏联庞大国防的大部分，从设计、研发、试验到生产体系较为完整，部门较为齐全，是世界上少有的能生产海、陆、空、天武器和装备的国家。在俄罗斯出口武器名单中，占据首位的是军用飞机，随后依次为海军舰艇、陆军装备和防空武器
蒙古国	以矿产业为主，其他优势产业包括加工制造业和水电暖供应等行业 （1）矿产业：矿产业是蒙古国经济发展的重要支柱产业。蒙古国矿产资源丰富，部分大矿储量在国际上居于前列，但技术和基础设施较为落后，水电资源匮乏，很大程度上也制约了矿产业的发展 （2）加工业：蒙古国工业起步较晚，除采矿业和燃料动力工业外，以畜产品为主要原料的轻工业和食品加工业，在蒙古国工业部门中占有一定地位 （3）建筑业：蒙古国基础设施建设水平整体较差，近年来蒙古国政府正逐步增加对道路等基础设施建设投入，基础设施建设处于较快速发展阶段
格鲁吉亚	制造业：是格鲁吉亚优势产业之一，2017年产值14亿美元，占GDP比重为9.3%
阿塞拜疆	石油天然气开采及相关产业：阿塞拜疆是现代石油开采工业的发祥地，石油开采已超过150年的历史，是阿塞拜疆最重要的产业部门。石油、石油产品和天然气是其重要的出口产品，分别占其出口总额的71.14%、4.48和10.62%。现阶段，阿塞拜疆油气领域的开采量仍主要来自其境内里海水域最大、最主要的"阿泽利-齐拉格-久涅什利"油田和"沙赫丹尼兹"气田。阿塞拜疆国家石油公司（SOCAR）是该行业乃至全国最具实力的大型企业，旗下拥有石油和天然气开发、炼油、石油化工、石油机械、石油运输、销售和油田技术服务和工程服务等多个企业。其主要利润来自原油出口
白俄罗斯	工业基础较好，工业部门较为齐全，机械制造和加工业发达，有苏联时期"装配车间"之称，具有较高的科研和教育水平，劳动力素质相对较高。白俄罗斯具有优势的产业主要包括：机械制造业、化学和石化工业、电子工业、无线电技术等。在光学、激光技术等领域也具有世界领先水平

续表

国别	主要优势产业
摩尔多瓦	（1）工业：包括农产品（食品）加工、烟叶及卷烟、纺织、皮革加工和制鞋、纺织等。特色产品是葡萄酒、甜菜糖、巧克力、果蔬加工、烟草加工（盛产烟叶原料，大部分出口独联体国家）、制瓶厂、服装和鞋类的来料加工（主要为欧盟订单）等 （2）高科技产业：苏联时期保留下来的军工企业和各类科研院所从事高科技产品研制，产值占GDP不到5%
乌克兰	（1）钢铁工业：2016年，乌克兰是世界第十大产钢国 （2）军事工业：乌克兰军事工业发达，曾是苏联军事工业的重要基地
亚美尼亚	（1）制造业：金属加工（铜、生铁、铁合金、有色金属）、钻石加工、首饰制品、水泥、地毯、食品加工和烟草制品加工业等 （2）建筑业：长期以来，建筑业一直是亚美尼亚的支柱产业，占GDP的比重平均在20%左右

资料来源：2018年版《对外投资合作国别（地区）指南》各国分册

2. 农业

俄罗斯、白俄罗斯和格鲁吉亚森林资源丰富，森林覆盖率均在40%以上。俄罗斯渔业资源也种类繁多。阿塞拜疆的里海鲟鱼黑鱼子闻名世界，是阿塞拜疆除石油之外最著名的传统出口产品。摩尔多瓦和乌克兰土地肥沃，位于世界三大黑土地之一的乌克兰大平原地区，乌克兰黑土面积占世界黑土总量的27%。见表4-2。

表4-2 蒙古国和欧亚七国农业情况

国别	主要优势产业
俄罗斯	俄罗斯森林、渔业资源丰富。近年来农产品产量下降和部分农作物种植面积缩减，农作物种植领域发展呈消极态势，整体农业生产指数下滑
蒙古国	（1）畜牧业：畜牧业是蒙古国的传统产业，是国民经济的基础，也是蒙古国加工业和生活必需品的主要原料来源。蒙古国畜牧业生产仍以自然放养为主，现阶段仍难以实现大规模、现代化生产，受自然气候和牲畜影响较大 （2）农业（主要指种植业）：并非蒙古国国民经济的支柱产业，但关系国计民生，历来受到政府的重视。主要农作物有小麦、大麦、土豆、白菜、萝卜、葱头、大蒜、油菜等
格鲁吉亚	主要农产品包括葡萄酒、核桃和水果等。中国是格鲁吉亚第三大葡萄酒出口目的地国
阿塞拜疆	阿塞拜疆的里海鲟鱼黑鱼子闻名世界，是阿塞拜疆除石油之外最著名的传统出口产品

续表

国别	主要优势产业
白俄罗斯	农业普遍实行大规模机械化生产，农产品特别是肉类及肉制品、牛奶及奶制品、禽、蛋、糖等除自给自足外，还可大量出口
摩尔多瓦	摩尔多瓦国土面积的80%是黑土高产田，适宜农作物生长，盛产葡萄、食糖、食油和烟草等，曾是苏联时期水果和浆果、玉米、向日葵和蔬菜等农作物的生产基地之一
乌克兰	乌克兰耕地资源丰富，土质肥沃，水利资源充足，灌溉便利，适宜开展农业生产。乌克兰主要农作物包括谷类粮食、油料作物、糖类作物和土豆等。农产品除自给自足外，向欧盟、亚洲、北非地区出口
亚美尼亚	亚美尼亚属高原国家，全国平均海拔1800米，山多地少，农业欠发达

资料来源：2018年版《对外投资合作国别（地区）指南》各国分册

3. 服务业

蒙古国和欧亚七国旅游资源较为丰富，多为旅游胜地。此外，IT服务业也是部分国家的优势服务产业之一，如白俄罗斯IT外包和高新技术服务行业跻身全球领先的前20个国家，乌克兰是世界第五大IT服务出口国，也是中东欧最大的软件开发编程和IT外包服务市场。见表4-3。

表4-3 蒙古国和欧亚七国服务业情况

国别	主要优势产业
俄罗斯	（1）石油天然气行业：石油天然气工业长期以来在俄罗斯经济中发挥核心作用，乌拉尔牌石油价格是俄罗斯制定国家财政预算的重要依据。2018年俄罗斯石油（包括凝析油）开采量为5.58亿吨，同比增长1.6%。原油加工量2.87亿吨，同比增长2.5%。出口石油2.58亿吨，同比增长0.3%。当年俄罗斯天然气开采量为7230亿立方米，同比增长5%；出口量为2450亿立方米，同比增长9.3% （2）冶金行业：俄罗斯矿产资源丰富，铁、铝、铜、镍等金属矿产的储量和产量都居于世界前列，矿石开采和冶金行业在俄罗斯经济中发挥重要作用，冶金行业是俄罗斯重要的工业部门之一，其产值约占俄罗斯国内生产总值的5%，占工业生产的18%。冶金产品是俄罗斯主要出口商品之一。从出口创汇额来看，俄罗斯冶金行业占俄罗斯所有行业创汇额的14%，仅次于燃料动力综合体，列第二位 （3）国防工业：俄罗斯国防工业继承了苏联庞大国防的大部分，从设计、研发、试验到生产体系较为完整，部门较为齐全，是世界上少有的能生产海、陆、空、天武器和装备的国家。在俄罗斯国内装备更新速度有限的情况下，俄罗斯国防工业大力发展对外合作与出口。根据世界武器贸易分析中心数据，俄罗斯常规武器销售额仅次于美国，位居世界第二位，2018年俄罗斯武器出口超过145.8亿美元，俄罗斯军工企业接受军工产品订单额超过550亿美元。在俄罗斯出口武器名单中，占据首位的是军用飞机，随后依次为海军舰艇、陆军装备和防空武器

续表

国别	主要优势产业
蒙古国	（1）旅游业：蒙古国人少、地域辽阔，自然风貌保持良好，是世界上少数保留游牧文化的国家之一，旅游业发展前景广阔 （2）电信业：蒙古国电信业发展很不平衡，在首都及几个大城市，固定电话和移动电话、宽带及相关业务相对普及，但在偏远地区，很多地方通信网络仍未覆盖
格鲁吉亚	（1）旅游业：格鲁吉亚旅游资源丰富，良好的自然环境吸引着大批欧洲和周边国家的游客。根据世界经济论坛发布的2017年《旅游业竞争力指数报告》，格鲁吉亚在136个经济体中排名第70位 （2）银行业：格鲁吉亚对金融保险业政策宽松，因贷款利率高且允许资本自由进出，近年大量资本投向当地银行，使得当地银行业发展迅猛
阿塞拜疆	运输业：阿塞拜疆地处欧亚交界处并拥有里海最大港口，南北方向位于俄罗斯和伊朗中间，东西方向处在欧亚和外高加索之间，拥有较便捷的公路、铁路、能源管道和外高加索地区最大的民用机场，这些为其提供了发展跨国运输业的良好条件。巴库—第比利斯—杰伊汉石油管道（BTC）和巴库—第比利斯—恩佐鲁姆天然气管道（BTE）更增强了阿塞拜疆成为亚欧运输枢纽的信心
白俄罗斯	IT业：根据权威媒体"全球服务媒体"（Global Services Media）的排名，白俄罗斯IT外包和高新技术服务行业在全球领先的20个国家中列第13位
摩尔多瓦	（1）农业：摩尔多瓦国土面积的80%是黑土高产田，适宜农作物生长，盛产葡萄、食糖、食油和烟草等，曾是苏联水果和浆果、玉米、向日葵和蔬菜等农作物的生产基地之一。全国播种面积约185万公顷，谷类占播种面积的50%，经济作物占22%。主要农作物有玉米、冬小麦、大麦、裸麦；主要经济作物有烟草、甜菜、大豆、向日葵、亚麻和大麻。向日葵是最重要的经济作物之一，全境均有种植，尤以东南部为多。种植业占农业总产值的58% （2）葡萄种植和葡萄酒酿造业：摩尔多瓦葡萄种植面积为12.8万公顷，现每年葡萄酒产量约60万吨左右，其中85%用于出口。摩尔多瓦葡萄酒生产企业共186家，其中初级加工企业60家，第二级加工企业62家，灌装企业38家，烈酒生产企业14家，酒精生产企业12家。米列什蒂·密茨大酒窖总长250公里，是欧洲最大的酒窖，据称也是世界上最大的酒窖，是摩尔多瓦引以为豪、颇具特色的旅游、品酒胜地。该酒窖距摩首都基希讷乌市约20公里，始建于1969年。当时，由于国家建设需要大量石料，人们凿山取石，形成了许多空荡废弃的地下隧道。酿酒专家发现，隧道中的石头具有吸湿的特性，隧道里面的温度常年保持在摄氏12~16度，湿度保持在80%以上，最适合葡萄酒的陈酿和高品质酒的贮藏，便利用这些隧道建成了地下酒城 （3）工业：摩尔多瓦工业大部分为私营企业，且主要由外国投资者投资或集体控股，包括农产品（食品）加工、烟叶及卷烟、纺织、皮革加工和制鞋、纺织等。农产品（食品）加工领域较有特色的产品是葡萄酒、甜菜糖、巧克力、果蔬加工、烟草加工（盛产烟叶原料，大部分出口独联体）、制瓶厂、服装和鞋类的来料加工（主要为欧盟订单）等 （4）高科技产业：摩尔多瓦高科技产业占其GDP比重不到5%，苏联时期保留下来的军工企业和各类科研院所从事高科技产品研制。欧盟国家在摩尔多瓦经济开发区和工业园区建立的汽车配件加工企业从事配套性产品生产。高科技企业中较大的企业有："HIDROTEHNICA"从事研究和生产各种高技术两速屏显电泵；位于贝尔兹的"RIF-ACVAAPARAT"水声设备研究所研制舰船用多普勒声呐测速仪；无线电通信识别系统生产和技术研发企业COMELPRO公司

国别	主要优势产业
乌克兰	IT产业：乌克兰是世界第五大IT服务出口国，也是中东欧最大的软件开发编程和IT外包服务市场
亚美尼亚	餐饮、文化休闲、不动产、航空运输、旅游及银行业等行业增长较快

资料来源：2018年版《对外投资合作国别（地区）指南》各国分册

二 外资需求

1. 投资吸引力

欧亚国家总体营商环境良好，均位列世界银行《2018年全球营商环境报告》前100名之内，有5个国家排名前50位，其中格鲁吉亚高居第9位。世界经济论坛《2017—2018年全球竞争力报告》显示，除蒙古国外，其他欧亚国家竞争力指数均在100名以内，阿塞拜疆和俄罗斯跻身前50名的行列。这些国家投资环境优势大部分体现在地理优势、政局稳定、资源优势、技术优势、国民素质、政策优势等方面。见表4-4。

表4-4 2017年蒙古国和欧亚七国营商环境便利度排名

国别	营商环境便利度排名	竞争力指数排名
俄罗斯	35	38
蒙古国	62	101
格鲁吉亚	9	67
阿塞拜疆	57	35
白俄罗斯	38	—
摩尔多瓦	44	89
乌克兰	76	81
亚美尼亚	47	73

注："—"表示未获取相关资料。

资料来源：世界银行《2018年全球营商环境报告》、世界经济论坛《2017—2018年全球竞争力报告》

（1）俄罗斯。主要竞争优势包括：①政局稳定；②地大物博，地跨欧亚两大洲，是世界上领土面积最大的国家，也是资源大国，拥有丰富的能源及其他矿产资源；③俄罗斯是经济大国之一，在工业改造、基础设施建设、新一轮私有化等领域，为投资商提供了更多的机遇；④基础科学研究实力较雄厚，特别是在航天、核能、军工等尖端技术领域研究较领先；⑤加入世贸组织后，放宽对国内外投资商在投资领域的限制，吸引和鼓励外商和私有资金投资俄罗斯市场；⑥近年来推出了跨越式发展区和符拉迪沃斯托克自由港政策，陆续出台引资优惠政策；⑦国民受教育程度高。

（2）蒙古国。投资竞争优势包括：①矿产资源丰富，经济增长具有一定潜力，市场化程度较高；②政治环境整体稳定，但受政治选举周期和政党轮替影响，政策连续性和稳定性时有波动；③迫于经济增长压力，2013年9月，蒙古国家大呼拉尔通过新《投资法》，对外国投资者和蒙古国本土投资者实行统一待遇，并简化了企业投资注册程序，取消了对外国私营投资者在投资领域内的限制。新《投资法》的生效对恢复外国投资者信心发挥了一定积极作用，降低了原有《战略领域外国投资协调法》造成的不良影响。

（3）格鲁吉亚。主要竞争优势包括：①格鲁吉亚地处欧亚之间，战略地理位置优越，拥有黑海波季、巴统两个港口；②宏观经济环境相对稳定；③贸易制度具备竞争性；④税赋低；⑤自由劳动就业制度世界领先；⑥执照和许可程序有所简化；⑦私有化政策积极可行；⑧金融体制自由度高，政府采取措施坚决打击腐败等。格鲁吉亚被世界银行连续评为经济改革先锋。

（4）阿塞拜疆。投资吸引力主要来自其稳定的政局、丰富的油气资源、快速增长的经济、不断改善的投资环境和持续增长的市场需求，以及连接欧亚的地理位置和较好的交通基础设施。阿塞拜疆政府正采取一系列措施改善营商环境，创造条件扩大引资规模。阿塞拜疆对外资原则上实行国民待遇，其优惠政策主要体现在单个国际投资合作项目上，尤其是一些重大能源项目、大型生产型项目和长期承包/托管经营项目。

（5）白俄罗斯。主要优势包括：①位于欧洲地理中心，处于东、西欧国家及黑海、波罗的海沿岸国家交通运输的十字路口，是连接欧亚大陆至欧盟及大西洋港口的重要公路、铁路运输走廊；②工农业基础较好，工业部门较为齐全，机械制造和加工业发达，有苏联时代"装配车间"之称，具有较高的科研和教育水平，劳动力素质相对较高；③白俄罗斯为欧亚经济联盟成员，这为外国投资者提供了新的机遇，可通过白俄罗斯打开欧亚经济联盟的大市场；④近几年，随着股份制和私有化改造步伐的加快，白俄罗斯政府希望有更多的外国投资者来白俄罗斯投资，以促进其经济发展。

（6）摩尔多瓦。投资环境优势包括：①地理位置优越。摩尔多瓦背靠欧盟，面向独联体，处于欧洲两大政治、经济体结合部，其邻国为罗马尼亚和乌克兰，有着得天独厚的地理优势。随着2008年1月欧盟给予摩尔多瓦单方面优惠贸易安排协议的正式生效，摩向欧盟出口的绝大部分产品享受免除关税的优惠，获得了进入欧盟市场的便利条件，2014年6月已签署深度广泛自由贸易协定；摩尔多瓦同时是独联体成员国，享有独联体框架内与其他成员国之间的各项贸易和投资优惠和便利。②世界贸易组织成员。摩尔多瓦于2001年7月26日加入世界贸易组织（WTO），成为独联体内的第三个WTO正式成员。摩尔多瓦正在谋求加入欧盟，有关法律都向欧盟靠拢，有利于外国投资者按照世贸组织规则在摩开展经贸合作。③劳动力成本低于邻国。④国民受教育程度高。在苏联时期，摩尔多瓦教育发达，基础教育较好，全国没有文盲。⑤农业基础好，土地肥沃。摩尔多瓦曾是苏联时代的粮仓、葡萄（酒）园。⑥在已设立的自由经济区和工业园区实行一系列税收优惠政策，有利于外来投资者来摩尔多瓦发展。

（7）乌克兰。投资环境优势主要包括：①拥有东欧最大的市场；②劳动力素质较高，其中IT专业人才总数排名世界第五；③地理位置优越，市场辐射独联体、欧盟、北非；④交通便利，拥有4条通往欧洲的交通走廊及黑海周边优良海港；⑤土地资源丰富，拥有世界1/4的黑土地，农业较发达；⑥工业基础雄厚，拥有世界先进的装备制造业水平；⑦自然资源丰富，铁矿、煤炭等储量居世界前列。

（8）亚美尼亚。投资环境优势主要包括：政局稳定，经济稳步发展，国内劳动力素质较高，成本较低。近年来，亚美尼亚在有关国际组织的"投资风险""营商环境""信用等级""综合国力"等评定中，均排在较前或居中的位置。

2. 吸收外资情况及主要吸引外资领域

除俄罗斯外，蒙古国、格鲁吉亚及阿塞拜疆等国家吸收外资的规模普遍偏小，特别是2017年，由于政策不确定性较高，加之世界对地缘政治方面的关切，流入转型经济体的投资大幅减少，几个外资主要流入国（俄罗斯、乌克兰和阿塞拜疆）的外国直接投资均有所下降。见表4-5。

表4-5　2017年蒙古国和欧亚七国吸收外资数据

单位：亿美元

国别	2017年吸收外资流量	2017年底吸收外资存量
俄罗斯	252.84	4465.95
蒙古国	14.94	180.19
格鲁吉亚	18.62	173.89
阿塞拜疆	28.67	295.51
白俄罗斯	12.76	197.76
摩尔多瓦	2.14	36.47
乌克兰	22.02	509.7
亚美尼亚	2.46	47.47

资料来源：联合国贸发会议《世界投资报告2018》

蒙古国和欧亚七国政府针对本国经济发展阶段及结构，均制定了相应的行业鼓励政策，鼓励和引导外资企业向相关领域进行投资。

（1）俄罗斯。政府鼓励外商直接投资的领域大多是传统产业，如石油、天然气、煤炭、木材加工、建材、建筑、交通和通信设备、食品加工、纺织、汽车制造等行业。加入世贸组织后，俄罗斯的外资准入门槛有所降低，领域进一步放宽。

根据俄罗斯工贸部2014年2月拟定的工业政策法案，俄罗斯为高新技术领域投资者提供更多的税收优惠，包括土地租赁、电费、市政费和其他优惠，但优惠措施不适用于油气公司。为发展畜牧业、畜产品加工、畜产品市场基础设施建设和物流保障，俄罗斯政府对畜牧业、农业的国家资金扶持逐年增加，同时引入对农业企业优惠贷款的机制，年贷款利率不超过5%。

（2）蒙古国。在税收稳定等方面，对矿业开采、重工业、基础设施领域有一定政策倾斜。2017年2月，为促进经济增长，蒙古国议会通过了《企业所得税法》修订案，决定对部分行业实施税收优惠，范围包括食品、服装、纺织、建材及部分农业领域。在上述行业中，年营业收入低于15亿蒙图（约合人民币415.8万元）的企业可享受低至1%的企业所得税优惠税率。税收优惠得到立即执行，并计划到2021年1月1日结束。

（3）格鲁吉亚。交通通信业为外国最大投资领域，2017年外国投资额5.27亿美元，占格鲁吉亚吸引外资的28.3%；其次是金融业、建筑业、能源业、房地产业、酒店餐饮业、制造业、采矿业、农业以及社会医疗，投资额分别为3.04亿美元、2.95亿美元、1.89亿美元、1.59亿美元、8999万美元、7471万美元、5402万美元、357万美元、331万美元等。格鲁吉亚政府设立了"伙伴基金"（Partnership Fund），主要对农业商业、能源、基础设施和物流、制造业、房地产业和旅游业等领域的项目提供支持。

（4）阿塞拜疆。政府鼓励外资向非石油产业进行投入。为确保国内经济持续增长和加快非油气领域发展步伐，2016年4月阿塞拜疆总统阿利耶夫批准鼓励投资政策项下所实施项目的经营范围、最低投资额及行政区划的法令。根据该法令，享受国家鼓励投资政策的项目涉及33类，在5类行政区域单位内实施，项目最低投资额视实施区域而定。该项下优惠政策主要包括：项目实施企业可享受免缴土地税，7年内进口的设备、技术和装置免缴关税和增值税，所得税和利润税减半征收。2016年10月，阿塞拜疆议会全体会议批准有关对《国家规费法》的修正案。根据该修正案，凡在阿塞拜疆实施的BOT项目投资者将免征所有各类国家规费。

（5）白俄罗斯。政府根据本国现阶段经济发展情况，急需外资投资汽车工业、运输和物流、房地产业、创新和高科技研发、机械制造、能源、食品加工和农业等领域。白俄罗斯第175号总统令——《关于发展白俄罗斯汽车工业的措施》要求向在白俄罗斯境内设立汽车组装厂的投资者提供一系列优惠政策。另外，鉴于白俄罗斯的有利地理位置，白俄罗斯政府强调大力发展过境运输和物流服务业，鼓励在白俄罗斯境内建立物流中心。机械制造业是白俄罗斯的经济基础，而处于该领域的大部分企业设备陈旧，设计寿命已消耗80%左右，急需进行现代化升级改造和企业改制。目前这些企业亏损严重，政府鼓励外资投资到这些企业，助其渡过难关。此外，由于缺少资金，白俄罗斯能源工业改造进展缓慢。根据官方预计，白俄罗斯能源综合体约60.4%的设备已经使用达26年以上，而其平均设计寿命为25～30年。60%以上的锅炉、汽轮机和45%的管道已超过使用寿命。因此，每年需投资2.6亿～2.8亿美元。

（6）摩尔多瓦。对外资吸引主要体现在税收优惠上，如对按合同规定引进的交通设备免征关税；对从事软件开发业务的技术信息领域经营主体5年内免征所得税；对主要和实际的经营内容为农产品的生产者5年内免征所得税；对科学和创新领域组织不缴付给财政的、加算的用于科技创新项目的经费免征所得税；对提供贷款期限2~3年或5年以上的商业银行免征50%或100%的所得税。

（7）乌克兰。乌克兰基础设施部目前正在制定一个鼓励"廉价"航空公司进入乌克兰的规划，将允许为航空公司提供补贴和优惠。

（8）亚美尼亚。根据政府制定的2017—2022年发展规划，鼓励外商投资的行业主要是数字经济、高新技术、能源、采矿、农业、旅游、基础设施等。

三　重点地区

各国根据国内发展需要，均对境内一些重点区域有一定政策倾斜和支持，并制定了相应的地区鼓励政策。如俄罗斯各地区、州、边疆区、共和国根据本地区的不同情况，分别制定地方法律和法规，对外国投资实行不同的减免税的优惠政策，以吸引外国投资者对本地区进行投资；俄联邦政府还直接指导远东和西伯利亚地区的开发工作，出台一系列政策措施促进地区发展。2017年7月，俄罗斯政府决议新增新特罗伊茨克和阿巴扎市两个跨越式社会经济发展区，针对此类发展区将进一步改善经济结构、吸引投资、增加就业。阿塞拜疆政府鼓励向首都以外地区的社会经济发展项目投资，如基础设施、农业等领域。白俄罗斯政府对于在5万人口以下居民点进行注册并从事商业活动的外资商业组织规定有额外优惠。摩尔多瓦分阶段重点发展北部、中部和南部地区，以及支持加告兹自治行政区、德涅斯特河左岸行政区建设，为此设立了地区发展基金，资金来源于国家财政收入及公私部门资助。亚美尼亚政府和国土管理部推出"区域平衡发展战略"，促进和加强对各地区的资金投放和扶持力度。蒙古国虽然没有特别针对地区的鼓励政策，但在税收稳定等方面，对中部地区（戈壁松贝尔省、东戈壁省、中戈壁省、达尔汗乌勒省、南戈壁省、色楞格省、中央省）、杭爱地区（后杭爱省、巴彦洪格尔省、布尔干省、鄂尔浑省、前杭爱省、库苏古尔省）、东部地区（东方省、苏赫巴托省、肯特省）和西部地区（巴彦乌列盖省、戈壁阿尔泰省、扎布汗省、乌布苏省、科布多省）有一定的政策倾斜。格鲁吉亚政府对在东部卡赫季地区、西部阿扎尔自治共和国投资表示欢迎，对在海拔800米以上山区进行投资给予免税政策。

此外，各国都设有一定数量的特殊经济区域，主要表现形式有保税区、自由港、自由贸易区、出口加工区、综合型经济自由区和科学工业园区等。其中登记在册最多的乌克兰拥有37个工业园区。特殊经济区域是指一个主权国家或地区为达到促进本国或本地区经济发展等目的，在其管辖范围内专门划定的一块、实行与国内其他地区不同政策的特殊经济区域。通常来看，一些国家会对特殊经济区域进行统筹安排，出台统一的法律规定特殊经济区域的各项优惠政策；也有许多国家通过先试先行的策略，在不同特殊经济区域内逐步推行一些改革措施。在特殊经济区域，外国投资者一般会享有更大程度的政策优惠措施。蒙古国和欧亚七国中，既有东道国自己筹建的特殊经济区，如阿塞拜疆苏姆盖特化工园、摩尔多瓦的多个自由经济区等；也有与外国投资者共同筹建的特殊经济区，如白俄罗斯中白工业园、格鲁吉亚库塔伊西二号免税工业园等。见表4-6。

表4-6　蒙古国和欧亚七国特殊经济区域及相关法规政策

国别	特殊经济区域	相关法律法规	主要优惠政策
俄罗斯	阿拉布加、利佩茨克、杜布纳、乌里扬诺夫斯克等二十多个经济特区	《俄罗斯联邦经济特区法》修订案	入驻企业的利润税由20%降至13.5%；5年内免征土地税，10年内免征财产税和交通工具税；企业保险费率由34%降至14%；在进口用于本企业生产所需货物时，可免缴进口关税和增值税，或在货物输出时予以退税；区内生产的商品可免税出口；产品在区内企业间流通时无须缴纳消费税；技术推广型特区企业的强制保险缴费可以享受过渡期优惠。在财务方面加快和简化对企业研发费用支出的确认程序。此外，降低行政门槛，提供海关、税收、移民注册等"一站式"服务
蒙古国	阿拉坦布拉格自由贸易区、扎门乌德自由经济区、赛音山达重工业园区（规划建设）、查干诺尔自由贸易区	《自由区法》	享受减免所得税、免征关税等优惠政策，在扎门乌德自由经济区，外国公民可以凭护照（免签证）或本国身份证自由出入
格鲁吉亚	波季（Poti）、库塔伊西（Kutaisi）和首都第比利斯免税工业园（FIZ），华凌国际经济特区	《工业保税区法》	在免税工业园，除个人所得税外免征所有税种。中国企业产品在特区内深加工后，可取得格鲁吉亚原产地证明

续表

国别	特殊经济区域	相关法律法规	主要优惠政策
阿塞拜疆	阿里亚特村自贸区、苏姆盖特化工园、加拉达戈工业园、明盖恰乌尔工业园、巴拉汗内工业园和比拉拉赫工业园	均在筹建中，正与国际著名咨询机构共同完善自贸区相关法律法规	税收优惠、生产要素价格优惠、贷款优惠、土地租金优惠等；对于重大项目，园区将采取"一事一议"的方式进一步给予优惠
白俄罗斯	布列斯特、戈梅利-拉顿、明斯克、维捷布斯克、莫吉廖夫自由经济区及高科技园区，中白工业园等	"关于完善中白'巨石'工业园特殊法律制度"的第166号总统令	自由经济区享受税收优惠、海关特殊监管等优惠政策；高科技园区享受免缴利润税、增值税，降低所得税，海关特殊监管等优惠政策；中白工业园享受减免所得税、免除全部不动产税和土地税、免缴相关国家规费及强制保险费、利润自由汇回等优惠政策
摩尔多瓦	基希纳乌对外商务区（Expo-Busuness-Chisinau）、温杰尼商务区（Ungheni-Business）、奥塔西商务区（Otaci-Business）、塔拉克里亚（Taraclia）等9个自由经济区（含2个自由贸易港）、EDINET、TRACOM、HINCESTI、CANIA等9个工业园区	2001年通过的《关于自由经营活动区法》	自由经济区享受免征进口和出口费用（海关手续费除外）、降低所得税、免征消费税和增值税等优惠政策；工业园区享受降低成本和生产活动起步需要的条件，以标准价格购买土地及附属建筑物，在办理牌照、许可证、批文及其他法律行为时获得技术、法律和咨询支持，获得技术和生产基础设施发展的金融支持，租赁场地出租或生产车间的价格优势，以及每块土地配套的公用设施及维护服务等优惠政策
乌克兰	包括苏梅州的Свема工业园、外喀尔巴阡州的Соломоново工业园、利沃夫州的Рясне-2工业园、伊万诺-弗兰科夫斯克州的Долина工业园、赫梅利尼茨基州的Славута工业园等在内的37家登记工业园	《工业园区法》《乌克兰关于为发展境内工业园区网络取消监管障碍的部分立法修订法案》《乌克兰政府关于区域发展国家基金几个问题的决定》《批准工业园建立和运营规范合同格式》等一系列法规	国家对建立和运营工业园的扶持包括：在地方财政拨款占工业园建设预估成本10%的情况下，国家地区发展基金可以拨款支持；建设工业园内项目可免除地方政府基础设施开发义务；免征非国产设备及部件的进口税

国别	特殊经济区域	相关法律法规	主要优惠政策
亚美尼亚	"同盟(Альянс)"自由经济区、AJA Holding自由经济区及梅格里自由经济区	《自由经济区法》及《自由经济区组织者选择规范及标准》《自由经济区入驻企业许可发放与中止规范,以及对入驻企业项目的要求和评估规范》《自由经济区边界划分技术要求》《政府"一站式"服务提供规范》《自由经济区组织者报表上报规范》等一系列法规	利润税、增值税、公司所得税、关税和财产税均为零;亚美尼亚与独联体国家(除乌兹别克斯坦和阿塞拜疆以外)签有《自由贸易区协定》,意味着产品进入独联体国家市场享受零关税;亚美尼亚享受美国、加拿大、瑞士、日本和瑞典等国的普惠制待遇;享受欧盟的超普惠制(GSP+)待遇

资料来源:2018年版《对外投资合作国别(地区)指南》各国分册

四　重点项目

俄罗斯、蒙古国、格鲁吉亚等欧亚国家均为"一带一路"沿线国家,随着"一带一路"建设的深入发展,越来越多中资企业赴沿线国家开展投资合作,一系列包含基础设施、产能合作在内的重大项目正在落地实施,为推动沿线国家经济发展、改善社会民生发挥了重要作用,不断践行"开创发展新机遇,谋求发展新动力,拓展发展新空间,实现优势互补、互利共赢","构建人类命运共同体"的宏伟目标。

在俄罗斯的中资企业正处于蓬勃发展阶段,主要集中在矿产、林业、农业、零售、建筑等领域,据俄方统计,中国共在俄罗斯设立企业一千多家。目前在俄罗斯的主要中资企业有:中国工商银行等4家金融机构、中国友谊商城、华为公司、上实集团、诚通集团、中机集团、紫金龙兴、五矿集团、中航林业等多家企业。其中,中国工商银行(莫斯科)股份公司经过几年发展列中国在俄罗斯四家商业银行首位,也是当地人民币兑卢布最大做市商。华为2017年跻身俄罗斯智能手机市场三大最受欢迎品牌。此外,中国企业在俄罗斯建有多家境外经贸合作区,其中有4家通过商务部确认考核,分别是俄罗斯乌苏里斯克经贸合作区、俄罗斯中俄托木斯克木材工贸合作区、中俄(滨海边疆区）农业产业合作区和俄罗斯龙跃林业经贸合作区。2016年6月23日，中国、蒙古国、俄罗斯在塔什干签署《中蒙俄经济走廊规划纲要》，旨在通过在增加三方贸易量、提升产品竞争力、加强过境运输便利化、发展基础设施等领域实施合作项目，进一步加强三边合作。

在阿塞拜疆从事贸易和服务的主要中资企业包括中油国际（阿塞拜疆）分公司、中国石油长城钻探阿塞拜疆代表处、中国寰球工程有限公司、中国石油技术开发有限公司、山东科瑞石油装备有限公司、四川宏华石油设备公司、华为技术有限公司、四川省机械设备股份有限公司、重庆力帆集团等。这些企业在开展贸易、支持产品出口或商品售后服务方面投入了较多资金，总额超过3000万美元。近年来，国内一些有实力的大型企业开始把投资目光转向阿塞拜疆市场，积极参与该国基础设施建设招投标项目，并取得了一定成效。如中国南方航空股份有限公司、中铁十九局集团、中国土木工程集团、中国地质工程集团、新疆贝肯能源工程股份有限公司、远大阿塞拜疆有限公司、东方国际有限责任公司、浙江集海物流等在阿塞拜疆开展各类业务。包括涉及餐饮、商业、货物储存及加工等行业的各类小型民营企业和个

【典型案例1——捷宁斯卡娅燃气蒸汽联合循环供热电站项目】

中国和俄罗斯合资建设的华电捷宁斯卡娅燃气蒸汽联合循环供热电站项目，是目前中国在俄罗斯最大的电力能源类投资项目。发电站采用了最先进的燃气发电设备，天然气通过燃气机组进行燃烧后进入汽轮机组进行再次循环，可减少25%的天然气消耗，并将大气污染物排放量降低三成。电站建成后将大幅解决当地缺电问题，为该市供电、供暖提供必要的能源保障，提高民众生活质量。同时，发电站能够为雅罗斯拉夫尔州，乃至邻近地区的整体经济发展带来强劲动力。此外，作为第一座在雅罗斯拉夫尔州由中方负责施工的电站，该电站也为俄罗斯工作人员提供了学习中国技术的平台。为了方便当地员工进行操作，操作系统还实现了中俄双语界面。

2014年以来，俄罗斯与西方合作伙伴的关系出现恶化，能源合作领域出现的巨大缺口，急需弥补，而近邻中国则成为该领域合作的首选。近年来，在"一带一路"倡议的推动下，中国和俄罗斯在能源合作方面取得许多新进展。在俄罗斯，由中国公司建设的电力项目造福当地民众，受到广泛好评。通过合作让中国先进的技术、标准和设备走出去，带动当地经济发展，是典型的互利共赢。

图4-1　捷宁斯卡娅燃气蒸汽联合循环供热电站内景

体商户在阿塞拜疆也有不少投资。

　　在"一带一路"倡议的引领下，中国与白俄罗斯的经贸合作也不断深入发展。2015年，中白两国就白俄罗斯供应钾肥签订五年期的谅解备忘录。2017年9月，欧亚经济联盟专设的工作小组已研究制定出希望与中国共同实施的39个基础设施建设项目清单，并已获得欧亚经济联盟各成员国交通部部长的批准，其中最重要的项目包括8445公里的欧洲—中国西部高速公路、770公里的莫斯科—喀山高速公路，以及中国—吉尔吉斯斯坦—乌兹别克斯坦铁路等。这一框架下的部分基础设施建设项目将由亚洲基础设施投资银行和丝路基金出资实施。2017年12月19日，白俄罗斯正式加入亚洲基础设施投资银行（简称亚投行，AIIB）。2018年8月，中化化肥澳门离岸商业服务有限公司与白俄罗斯钾肥公司签署了大颗粒钾肥（白色）2019—2023中国市场五年独家代理合作备忘录，合作总量70万吨（含选择量），具体年度合同以当时的市场为基础。此外，中国-白俄罗斯工业园（简称中白工业园）是中国在海外参与建设的最大工业园区，是推进"丝绸之路经济带"建设的标志性工程。园区位于白俄罗斯首都明斯克国际机场附近，总用地面积91.5平方公里，一期工程用地面积8.5平方公里，由中白两国合资建设。中方发起股东为中工国际工程股份有限公司，之后国机集团、招商局集团陆续加入，目前中方占股

68%；白方股东为明斯克州政府、明斯克市政府和白俄罗斯地平线控股集团公司，占股32%。该工业园重点发展的项目是电子信息、生物医药、精细化工、高端制造、物流仓储等产业。园区内企业将享受前10年完全免税、第二个10年征半税的优惠政策，目前已有中白两国二十余家企业入驻，另有来自中国台湾、日本、韩国，以及欧洲国家的多家企业表示了入驻意愿。见表4-7。

表4-7 蒙古国和欧亚七国部分国家重点工程项目

国别	类型	项目名称
俄罗斯	轨道交通	莫斯科外环换乘地铁线
	农林牧渔	俄罗斯渔业公司并购及基地建设项目
	其他	俄罗斯西布尔ZAPSIB-2PE项目
	石油	中俄原油管道二线工程
	桥梁隧道	中俄同江铁路界河桥项目
	园区	楚瓦什-四川农业合作园区项目
蒙古国	金属矿	济宁市铸金矿业有限公司蒙古国扩建年产240万吨铁、多金属矿石项目
	园区	山东贾氏伟业农牧开发有限公司投资中蒙动物疫病防疫、防控、检验中心及无疫区建设项目
	风能发电	蒙古国50兆瓦巨龙山风电项目
	公共建筑	中国政府援蒙古残疾儿童发展中心项目
	火电	蒙古国额尔登特铜矿电厂扩建项目
白俄罗斯	电网	西北电建白俄罗斯核电输出及电力联网项目
乌克兰	农林牧渔	潍坊海普国际贸易有限公司在乌克兰投资建设农业生产基地项目
	园区	中国—乌克兰农业示范园区
亚美尼亚	风能发电	亚美尼亚风电项目
	公路	亚美尼亚LG27项目
	公路	亚美尼亚南北公路：M1塔林至久姆里（兰及科—久姆里段）公路项目

资料来源：作者整理

【典型案例2——乌克兰中部大型太阳能电站项目】

2018年4月，中国机械设备工程股份有限公司同乌克兰最大私营能源企业——顿巴斯燃料和能源公司签订合同，将在乌克兰中部地区建设一座200兆瓦太阳能电站。电站总投资约2.3亿欧元，其中中方将筹集约1.7亿欧元，其余部分由顿巴斯燃料和能源公司出资。电站建设工程原计划2018年年底完工，2019年3月正式并网发电，届时将可确保10万人的用电量，每年减少30万吨二氧化碳排放量。

这是目前乌克兰境内最大的绿色能源项目，既能创造经济效益，又能带来社会效益，还将创造上千个就业岗位。

图4-2　中白工业园（亦称"巨石工业园"）

第五章

贸易和投资政策法规

一 外贸法规

根据各国法律规定，所有对外经贸活动均由该国一个或多个部门负责协调、组织和管理。大多数与出口有关的事宜由该部门负责，并颁布相关规定，协调有关程序。各国贸易主管部门主要负责该国对外贸易法律法规的制定，对部分商品进行包括配额管理、许可证管理，以及产品标识和认证在内的进口管理。与此同时，贸易主管部门会对部分商品的出口配额和许可证进行管理和监督，对出口产品进行统一的验证制度。各国基本都建有独立的贸易主管部门、独立的海关部门和独立的进出口商品检验检疫部门，且多为世界贸易组织（WTO）成员国（阿塞拜疆和白俄罗斯正在进行"入世"谈判），进出口产品关税和边境上贸易措施遵循统一的多边规则。在蒙古国和欧亚七国中，俄罗斯、白俄罗斯和亚美尼亚属于欧亚经济联盟国家，执行联盟统一的贸易和投资政策。见表5-1。

表5-1 蒙古国和欧亚七国贸易主管部门及相关政策法规

国别	主管部门	主要法律法规名称	进出口管理规定
俄罗斯	经济发展部、工业和贸易部、农业部、联邦海关署等	《对外贸易活动国家调节原则法》《对外贸易活动国家调节法》《俄罗斯联邦海关法典》《海关税则法》《技术调节法》《关于针对进口商品的特殊保障、反倾销和反补贴措施联邦法》《外汇调节与监督法》《在对外贸易中保护国家经济利益措施法》及欧亚经济联盟框架内颁布的相关法律法规等	执行欧亚经济联盟统一的贸易和投资政策

国别	主管部门	主要法律法规名称	进出口管理规定
蒙古国	外交部下属经济合作局及各领域主管部门	《投资法》《海关法》《税务总法》《关税法》《特别税法》《增值税法》《公司法》《自由区法》等	除少数商品受许可证、配额等限制外，大部分商品均放开经营
格鲁吉亚	经济与可持续发展部	《海关法》《税法》《海关税则法》《执照和许可证法》《工业保税区法》等	进口武器、放射性物质、工业垃圾、农用化学药品和医疗用具等需要政府许可，出口木材、电力等实行许可制度
阿塞拜疆	经济部	《关税通则》《外汇调节法》《反垄断经营法》《价格调节法》和《关于向部分经营活动颁发经营许可证的办法》等	实行自由贸易制度，所有经济实体和自然人有权从事贸易。从事烟酒产品、药品和爆炸品等特殊商品的生产或贸易的企业和个人须向政府主管部门申请经营许可证
白俄罗斯	外交部	《白俄罗斯宪法》《白俄罗斯对外贸易法》及白俄罗斯其他法律	执行欧亚经济联盟统一的贸易投资政策
摩尔多瓦	国家对外贸易协调委员会、经济部等四个部门	《摩尔多瓦企业投资活动法》《自由经济区法》《对外经济活动基本法》《商品及服务进出口协调法》《海关法》《发明专利法》《商标及商品出产地名称法》《摩尔多瓦企业注册法》《摩尔多瓦外汇管理细则》《增值税法》《消费税法》和《关于商品进出口许可证发放办法的规定》等	军工产品、医药产品及相关产品所需的原料等有进出口限制，部分农产品进出口有配额
乌克兰	经济发展和贸易部	《对外经济活动法》《外国投资制度法》《乌克兰海关税率法》《乌克兰统一关税税率法》《乌克兰对外经济关系中来料加工法》《乌克兰商品和交通工具进口及清关程序法》《乌克兰各边境站货物通行统一收费标准法》《乌克兰税收体系法》《乌克兰增值税法》《乌克兰预算法》《地籍簿法》《土地市场法》《租赁法》《特别抵押法》《乌克兰特别（自由）经济区法律》《乌克兰海关法》《乌克兰税法》等	每年公布一次进出口主动配额许可证商品名单

国别	主管部门	主要法律法规名称	进出口管理规定
亚美尼亚	经济发展与投资部	《外国投资法》《国家法人注册法》《贸易名称法》《商标、服务标识和产地名称法》《海关法》《保护经济竞争法》《国内市场保护法》和《反倾销和反补贴措施法》以及相关的《能源法》《矿产法》等	执行欧亚经济联盟统一的贸易和投资政策

资料来源：作者整理

二 外资法规

1. 外资的市场准入规定

　　蒙古国和欧亚七国均设有主管外国投资事务的行政主管部门，并制定有关于外国投资准入的相关法律法规。在鼓励外国投资的基础上，也对一些特殊或敏感行业作出了一定限制，如对外资持股比例进行限制；或明确规定了禁止外国投资的行业，如俄罗斯禁止外资从事赌博业、人寿保险业，禁止外资银行设立分行等，摩尔多瓦禁止外资投资军事领域。此外，各国对外国投资方式的规定也不尽相同，大体上分为设立独资或合资企业、分公司或代表处，股权并购、获得土地使用权或财产权等主要方式。见表5-2。

表5-2 蒙古国和欧亚七国关于外资市场准入的规定

国别	主管部门	主要法律法规名称	投资行业规定	投资方式规定	其他规定
俄罗斯	经济发展部、工业贸易部、国家资产委员会、司法部国家注册局、反垄断政府外国投资咨询委员会、中央银行、财政部、联邦金融资产管理署、联邦政府外国投资委员会等	《俄罗斯联邦外国投资法》《关于外资进入对保障国防和国家安全具有战略意义的商业组织程序法》《公私合营法》《俄罗斯联邦反垄断法》等	（1）鼓励的行业：传统产业，如石油、天然气、煤炭、木材加工、建材、建筑、交通和通信设备、食品加工、纺织、汽车制造等行业；（2）限制的行业：包括核设施、武器军工、宇航设施、公共电信、广播媒体等行业被视为战略性行业；（3）禁止的行业：禁止从事博彩业、人寿保险业，禁止外国保险公司参与其强制保险方案	外资在俄罗斯可以创办外资企业、合资企业，分公司或外国公司驻俄代表处	一
蒙古国	外国投资局	《投资法》	蒙古国对外商提供国民待遇，除蒙古国法律法规明确禁止从事的生产和服务行业以外，都允许外商投资。蒙古国法律明确禁止的行业是麻醉品、鸦片和枪支武器生产等，除此之外没有其他禁止投资的行业。外国人在矿业、金融、新闻通讯领域开展经营活动且持股比例达到33%或以上的，须报投资局审批	（1）投资人单独或与其他投资人合作成立企业；（2）投资人购买股票、债券和其他有价证券；（3）通过并购、合并公司，签署租赁的方式进行投资；（4）签署租让权、产品分成、市场营销、经营管理合同和其他合同；（5）融资租赁合同和专营权形式的投资；（6）法律未禁止其他形式	具有支配地位的商业实体意图通过合并、兼并或收购20%以上普通股或50%以上优先股的方式，改组与其在市场上销售同一产品或商品合并、兼并了相关商业实体的竞争企业，需要向公平竞争和消费者保护局进行申报

续表

国别	主管部门	主要法律法规名称	投资行业规定	投资方式规定	其他规定
格鲁吉亚	国家投资局	《国家投资促进法》《私有化法》《反垄断法》等	（1）禁止的行业：行业清单由总统提议报议会批准。（2）限制的行业：生产、销售武器和爆炸物，配制、使用和开采森林资源和矿藏；开设赌场和其他提供赌博和彩票的场所；发行公众流通证券；信息服务和创建电视和无线电频道等。对上述行业投资进行许可证管理。（3）鼓励的行业：基础设施项目（如公路、港口、管道运输、能源设施（特别是水电建设、新修改造输电网络等）、农业和旅游业等	外国公司可以通过股权并购方式开展投资经营活动	国有资产占股份总额不超过25%的，可采用直接开价转让方式进行私有化；国有资产所占份额超过25%的企业需通过竞标、拍卖和租赁方式进行私有化
阿塞拜疆	经济部下属国际经济合作司外国投资处	《投资法》《外国投资保护法》	外资在保险公司中的股份不得超过49%，外国银行驻阿境内分支机构必须依照其国内法开展经营等	—	具体并购项目须当地审计公司进行审计。必要时，有关项目须提交阿塞拜疆紧急情况部审批
白俄罗斯	经济部投资管理总局	《白俄罗斯投资法典》、白俄罗斯总统令、标准法律文件，白俄罗斯民法和其他法律，白俄罗斯参与签署的国际协议和投资协议等	没有总统的特令，不允许外国人投资国防和国家安全领域；禁止外国投资者生产和销售白俄罗斯卫生部清单上所列的麻醉剂、剧毒型物质。除此之外，无其他限制。允许私营企业投资工程、交通和社会基础设施建设	成立法人、购置财产或财产权；成立外资企业	—

续表

国别	主管部门	主要法律法规名称	投资行业规定	投资方式规定	其他规定
摩尔多瓦	经济部及其下属的投资和出口促进组织、国家投资管理局	《摩尔多瓦企业投资活动法》《自由经济园区活动法》《海关法》《税法》等	外国投资者可向除军事领域外的任何领域投资。目前是重点招商引资的行业有：农业，特别是农产品的收获、贮藏和加工行业；动力工程；电网建设；供水及治污系统建设；铁路、公路等交通基础设施的建设等	可组建企业、开设股份公司，直接投资或购买企业股份以及股票和其他证券，知识产权等。外国投资人在经批准后，可以购买国家债券，可在境内进行自然资源的勘探、开采和加工，但不能拥有农业和森林用地，只能和当地投资者合作或以合资企业的名义购买农用土地	外资企业如决定并购摩尔多瓦企业，须首先向主管部门（经济部门）递交并购申请，在30日内得到批准或者否决的批复。如得以批准，将正式发布公告，三个月公告期满后生效
乌克兰	乌克兰经济发展和贸易部下属的国家投资项目和支持发展司	《外国投资制度法》《乌克兰投资活动法》《乌克兰海关法》《乌克兰税收体系法》《乌克兰经营活动主体登记管理办法》《乌克兰特别经济区法》等	对外国投资者采取国民投资者平等待遇的原则，提供与国内投资者平等的条件。凡未被乌克兰法律直接禁止的行业，外资均可以进行投资	对乌克兰现有企业部分参股或购买其股权；成立外商独资企业、分公司或全部的产权或股票、债券及其他乌克兰法律不予禁止的不动产和动产，包括房屋、公寓、处所、设备、交通、独立工具及其他所有权乌克兰法律人或境内的土地和自然资源使用权；购买乌克兰境内财产权或与乌克兰共同购买乌克兰境内的自然资源使用权；购买其他协议规定的经营（生产）权等	成立法定基金中的外国投资不低于10%。乌克兰政府目前由于财政紧张，开启私有化进程。除《制约私有化进程》限制俄罗斯资本超级国家外资持股外，对其他国家外资持开放态度

续表

国别	主管部门	主要法律法规名称	投资行业规定	投资方式规定	其他规定
亚美尼亚	经济发展与投资部、Business Armenia	《外国投资法》	（1）禁止的行业：租赁土地如涉及国有农业用地，则租赁时间最长不超过25年。外国人在亚美尼亚不能购买土地，但如涉及特殊人员或高级人才，总统给予特批也可购买土地。（2）限制的行业：矿产资源开采、炸药和武器弹药以及军事和警用产品的生产和经营，电信手机市场营运、珠宝生产与加工，航空、铁路运输及邮政营运等。这些行业必须获得政府部门鉴发的许可证。（3）鼓励的行业：数字经济、高新技术，能源、采矿、农业、旅游、公路和能源基础设施等	（1）建立独资的法人企业及其分支机构、分公司、代表处，拥有企业机构的全部所有权；（2）与亚美尼亚公民合作成立合资法人机构，有法人地位的企业，或在现有企业中取得股份；（3）在亚美尼亚境内购买股票、债券，以及该国法律规定的其他有价证券；（4）取得亚美尼亚土地及自然资源的使用权；（5）取得其他财产权；（6）法律未禁止的其他形式	—

注："—"表示未获取相关资料。

资料来源：作者整理

2. 企业税收规定

蒙古国和欧亚七国税收体系经过多年发展，基本与国际规则接轨，主要税赋分为企业所得税、个人所得税和增值税三种。除此之外，一些国家还会对消费税、利润税以及矿产品开采税等特殊税种作出要求。部分国家还作出累进计税的安排。大部分国家针对外国投资企业和外籍员工的所得税维持在20%左右的水平上，个别国家的税率低至5%。企业赴上述国家参与"一带一路"建设，需要针对不同国家的税制要求做好周密计划和统筹安排。见表5-3。

表5-3　蒙古国和欧亚七国主要赋税税率

国别	税收规定
俄罗斯	企业所得税20%，个人所得税13%，增值税18%
蒙古国	企业所得税10%～25%，个人所得税10%，增值税10%
格鲁吉亚	企业所得税20%，个人所得税20%，增值税18%
阿塞拜疆	企业所得税22%，个人所得税14/35%，增值税18%
白俄罗斯	企业所得税5/6/10/15%，个人所得税9/13/15%，增值税20%
摩尔多瓦	企业所得税20%，个人所得税7/18%，增值税5%～20%
乌克兰	企业所得税18%，个人所得税18%，增值税20%
亚美尼亚	个人所得税24%～36%，增值税20%

资料来源：2018年版《对外投资合作国别（地区）指南》各国分册

3. 外资优惠政策

多数国家对外国投资没有特殊的优惠政策，外资企业在当地享受国民待遇，如阿塞拜疆、摩尔多瓦、格鲁吉亚、乌克兰、亚美尼亚等。一些国家在重点区域给予外国投资优惠政策，如白俄罗斯给予在5万人口以下的小城镇投资的企业更多优惠措施，包括：作为注册资本投入的设备进口时免缴海关关税和增值税；生产型企业自2008年4月1日起5年内免缴利润税（从2010年起延长到7年），且不承担外汇收入的强制性兑换义务，产品价格由生产企业自主定价；购买亏损农业企业的投资者，3年内免缴国家支持农业生产基金。

部分国家在特殊情况下或涉及重大优先项目时，可向外资企业提供一定税收优惠。如在俄罗斯，外国投资者对联邦政府确定的优先投资项目（主要涉及生产领域、交通设施建设或基础设施建设项目）进行投资时，且投资总额不少于10亿卢布（约合2857万美元），将根据《俄罗斯联邦海关法典》和《俄罗斯联邦税法典》的规定对外国投资者给予相应进口关税和税收的优惠。阿塞拜疆对外商作为投资向阿塞拜疆输入的设备、材料等货物，以及外企工作人员及其家属携带入境的私人财产和物品可免征关税和增值税；对重大外国投资项目，可通过签订个案合同的方式，规定项目可享受的税收优惠。例如石油天然气或其他矿产资源的投资开发项目，外商可根据与阿塞拜疆政府签署的合作协议享受免征进口关税、增值税等税收优惠。在白俄罗斯，除国际协定中另行规定以外，外资企业及外国投资者依据税法和海关法规定的各种优惠措施纳税，主要体现在利润税的优惠上。根据白俄罗斯相关法律规定，外资占30%以上股份的合资企业以及独资企业，自获利之时起三年内免征利润税（贸易型外资企业除外），如该企业生产的产品符合白俄罗斯产业发展需要，则在上述三年优惠期后再减半征收利润税三年。如果外资企业在注册之日起，第一年内法定资金到位50%，第二年100%到位，就可以获得利润税优惠权，如未达到上述要求，则全额缴纳利润税，不享受优惠且以后也不享受。格鲁吉亚政府对投资额超过800万拉里或从功能和战略角度考虑，对国家经济发展和基础设施产生重要影响的投资者，或对在格鲁吉亚高山地区投资额超过200万拉里，以及从功能和战略角度考虑对地方经济发展和基础设施产生重要影响的投资者，给予"特别重要投资地位"。格政府对获得"特别重要投资地位"的投资给予重点保护和促进，可预先获得执照或许可，投资促进局对其提供免费服务。蒙古国为增强外国投资者信心规定了稳定税收比例（税率），向符合条件的投资者授予稳定证书，在有效期内稳定企业所得税、关税、增值税、矿产资源补偿费的课征率。

除了税收优惠外，一些国家为了吸引外资、改善投资环境，还采取了一系列优惠措施。如白俄罗斯取消了国家参与管理企业的特权——"金股"制度，保护投资者权益；简化经营主体的注册审批程序，降低最低注册资本金的额度；允许出售国有企业私有化证券，取消国家优先购股权，逐步取消对公民购买股票的限制等。摩尔多瓦除了给予外国投资者普遍的国民待遇，还将保障投资者的投资不被罚没，或以其他方式使投资者失去财产所有权或对投资的监控权；对于公共权力部门由于执法失误给投资者造成的损失由责任人依法负责赔偿；外国投资获利及财产在支付税款后，可以自由汇往摩尔多瓦境外；外国投资者可在摩尔多瓦境内购买除农用耕地和林业用地以外的不动产并使其成为私有财产。蒙古国对投资提供的非税收优惠政策包括扶持基础设施、工业、科技、教育建设项目，增加引进外国劳务及技术人员数量，免除岗位费，简化相关许可的审批；扶持科技创新项目的融资，向生产出口型创新产品的融资提供担保；依法向在蒙古国投资的投资者及其家人发放多次往返签证及长期居住许可等。

此外，根据各国经济的发展情况及发展规划，均对各自关心的重点行业制定了相应的行业鼓励政策，以吸引外国投资。如阿塞拜疆政府鼓励外资向非石油产业进行投入，2016年4月经总统批准享受鼓励政策的项目涉及33类，在五类行政区域单位内实施，项目最低投资额视实施区域而定。优惠政策主要包括享受免缴土地税，七年内进口的设备、技术和装置免缴关税和增值税，所得税和利润税减半征收。另外，凡在阿塞拜疆实施的BOT项目投资者将免征所有各类国家规费。乌克兰基础设施部正在制定鼓励"廉价"航空公司进入乌克兰的规划，允许为航空公司提供补贴和优惠。根据亚美尼亚政府制定的2017—2022年发展规划，鼓励投资数字经济、高新技术、能源、采矿、农业、旅游、基础设施等行业。格鲁吉亚政府设立了"伙伴基金"（Partnership Fund），主要对农业商业、能源、基础设施和物流、制造业、房地产和旅游业等领域的项目提供支持。俄罗斯政府鼓励外商直接投资的领域大多是传统产业，如石油、天然气、煤炭、木材加工、建材、建筑、交通和通信设备、食品加工、纺织、汽车制造等行业。加入世贸组织后，俄罗斯对外资进入的限制进一步放宽。近几年，俄罗斯为高新技术领域投资者提供更多的税收优惠，对农业、畜牧业的扶持和资助逐年加大。蒙古国则对矿业开采、重工业、基础设施领域有一定的政策倾斜。

三　劳工法规

蒙古国和欧亚七国关于劳动关系的法律法规（见表5-4）主要是保障公民的劳动权利、创造良好的劳动条件、明确劳资双方的权利与义务，对劳动关系以及与其相关的间接关系（如劳动的组织与管理、劳动安置、职业培训和进修、监督遵守劳动法和缴纳社会保险情况、解决劳动纠纷等）进行法律调节。主要包括签订和解除劳动合同、工资报酬、个人所得税及社保基金、工作时间及节假日的规定等内容。

表5-4   各国关于劳动关系的法律名称及颁布时间

国别	劳动关系基本法律名称	颁布时间
俄罗斯	《俄罗斯联邦劳动法》	2001年12月
蒙古国	《劳动法》	2003年修订
格鲁吉亚	《劳动法》	2006年6月
阿塞拜疆	《劳动法》	—
白俄罗斯	《劳动法》	—
摩尔多瓦	《劳工法》	2003年8月
乌克兰	《劳动法》	—
亚美尼亚	《劳动法》	2004年11月

注："—"表示未获取相关资料。
资料来源：商务部

根据国情不同，蒙古国和欧亚七国具体的规定不尽相同，下文摘要介绍一下各国劳工法规的核心内容。

1. 签订劳动合同

劳动合同是雇佣员工的依据，无论在上述哪个国家工作，劳资双方均应依法签订劳动合同。部分国家对劳动合同有一些特殊要求，如阿塞拜疆《劳动法》规定用人单位应对在本单位就职5天以上的雇员在劳动手册上及时进行登记，登记内容包括：何时雇佣、专业或工种、专业资格（学历）、任职情况和被解雇的日期等。劳动手册是反映个人工龄、专业等就业状况的重要证件和依据。对于未签订劳动合同的雇佣方，属自然人性质的罚款由1000马纳特提高至3000马纳特，属法人性质的罚款由20000马纳特提高至25000马纳特。对于违反税务条例、隐瞒不合法用工收入的雇佣方，将处以每人1000马纳特的罚款。乌克兰《劳动法》规定，企业雇佣员工应分别与工会组织和劳动者签订集体合同和劳动合同。俄罗斯、蒙古国和亚美尼亚的劳动合同可分为定期合同与不定期合同两种，其中亚美尼亚的雇主有义务在员工开始工作7天内确认合同种类。格鲁吉亚则可以口头形式完成劳动合同。

2. 解除劳动合同

多数情况下，解除劳动合同用人单位须提前通知员工。如蒙古国规定企业遇取消、缩编或裁员需与员工终止合同时，须提前一个月告知员工，禁止企业单方面终止合同。员工因技术、能力或健康状况不能胜任工作，企业不能单方面终止合同。以上两种情况下确需解除劳动合同的，企业负责到劳动市场注册员工信息，并承担相应税款。员工向企业提出辞职申请一个月以后，合同自动终止。根据白俄罗斯相关法律，如遇用人单位提前解除合同但雇员不同意的情况，按规定应支付薪水直到合同失效。摩尔多瓦法律明确雇主不可随意解雇雇员，职工有权要求雇主提前两星期通知终止合同的消息。雇主终止合同需经劳动争议委员会（雇主和工会代表共同组成）的批准。亚美尼亚规定在下列情况下可以解除劳动合同：（1）根据双方协商确定；（2）合同过期；（3）雇员要求解除；（4）雇主方企业或机构被取缔；（5）雇主企业机构宣告破产；（6）企业生产规模、经济技术条件和劳动条件产生改变，以及因生产原因必须裁员；（7）雇员因缺乏劳动能力，连续超过120天不工作或在最近的一年里超过140天不工作等。

但也有少数国家对雇主解除劳动合同没有特别严格的限制。如在俄罗斯，经双方同意，任何时候都可以解除劳动合同。对定期劳动合同，在合同到期之前三天书面通知员工，即可解除劳动合同。员工提出解除劳动合同，应提前两个星期书面通知雇主。辞职申请生效前，员工有权撤回。在辞职申请生效后，员工有权按照申请终止工作。在格鲁吉亚，雇主可随时解除劳动合同，向雇员支付相当于一个月工资的解雇费。在试用期内或因为雇员本身原因解除合同，雇主不需支付解雇费。雇员如提出解除劳动合同，须提前一个月通知雇主。

3. 劳动报酬

劳资双方根据达成的劳动合同确定劳动者的劳动报酬，薪金的计算标准各国略有差异。如亚美尼亚在工作合同中薪金的计算包括计时制、计件制、时间+奖金和混合制等多种，没有规定小时工资标准，计件工资也需具体商议。蒙古国规定职工工资可按计件、计时和按劳动效益方式发放，企业在改变发放工资形式、标准或实行新形式、新标准一个月前须通知职工。在格鲁吉亚较普遍的计薪方式为月薪。法定工作时间为每周工作5天，一周超过41小时的劳动被视为加班，加班报酬根据双方约定的条件支付。在白俄罗斯，经营活动的主体有权自行选择员工的劳动报酬体系，亦可使用白俄罗斯具有指导意义的工作人员统一工资等级表。

此外，根据不同国家的经济水平，各国均定有最低工资标准，见表5-5。

表5-5　蒙古国和欧亚七国最低工资标准一览表

国别	最低工资标准	执行时间
俄罗斯	7800卢布/月	2017年7月1日
蒙古国	24万图格里克/月	2017年1月1日
格鲁吉亚	—	—
阿塞拜疆	116马纳特（受货币编制因素影响，该标准目前仅折合68.2美元）	2017年1月1日
白俄罗斯	210万白俄罗斯卢布（约合145美元）	2015年1月1日
摩尔多瓦	—	—
乌克兰	3723格里夫纳	2018年1月1日
亚美尼亚	11.2万德拉姆	2016年

注："—"表示未获取相关资料。
资料来源：2018年版《对外投资合作国别（地区）指南》各国分册

4. 个税及社保

见表5-6。

表5-6　蒙古国和欧亚七国个税及社保标准一览表

国别	个人所得税	社保政策
俄罗斯	个人所得税税率统一为13%	根据俄罗斯《养老金法》，雇主按工资总额的31.6%缴纳费用，工人和公司职员按本人工资收入的5%缴纳，每3个月按物价上涨情况对养老金进行调整，以抑制由于通货膨胀而引起的养老金实际水平下降。《俄罗斯联邦公民医疗保险法》规定，医疗保险基金的来源是，各企事业单位按工资总额的3.6%上缴医疗保险金，被保险者本人缴纳工资额的1.8%。《关于居民就业》法规定，雇主将员工工资的2%缴纳至就业基金，以保障失业人员的最低生活水平

续表

国别	个人所得税	社保政策
蒙古国	个人所得税按依法确定的年收入的10%计缴	雇主需为员工缴纳社会和医疗保险
格鲁吉亚	格鲁吉亚籍自然人和在格鲁吉亚境内获得收入的外籍自然人均须纳税,个人所得税起征点为零。工资所得税每月缴纳,一般由所在单位代扣代缴。格政府自2009年1月起将将个人所得税税率降至20%,单位为职工支付的福利包括房租等均需要列入职工收入范畴,必须纳税。计算方法:职工含税工资×所得税率。实际上,以20%的所得税率计算,所缴税金占职工个人实际工资收入的25%	现行《劳动法》不强制要求企业必须为职工办理各种保险。企业自愿根据工种性质为职工办理相应保险,主要有医疗保险、意外事故保险等。当地保险公司的保险费率各不相同
阿塞拜疆	年收入24000马纳特以内者按年收入的14%缴纳个人所得税,但总额不低于245美元;年收入超过24000马纳特者,税金应为:3306马纳特+(实际收入−24000马纳特)×35%	阿塞拜疆对企业和劳动者个人征收社会保障基金,缴纳金额是企业或单位员工工资总额的25%,雇主和受雇人分别支付22%和3%
白俄罗斯	纳税人从白俄罗斯境内外所获得的收入应缴纳个人所得税,一般税率为13%,计算公式为:(工资额−440000白卢布)×13%。对以下收入的所得税税率为9%:自然人(维护与保护建筑、房屋、土地的工作人员除外)依照劳动合同从高新技术园区的入驻者处获得的;个体企业主从高新技术园区的入驻者处获得的;参与销售高新技术领域注册商业项目的自然人依照劳动合同从高新技术园区的入驻者处获得的;自然人依照劳动合同以工资形式从合资公司和(或)中白工业园区的入驻者处获得的。针对白俄罗斯私营企业主进行经营(私人公证、进行个人辩护)活动获得的收入(私人公证人、辩护人),所得税税率规定为15%	工资额的35%(另需缴纳强制性保险:工资额的0.6%)
摩尔多瓦	起征点为2100列伊,超过起征点按7%~18%缴税。年收入低于6300列伊免征所得税	养老保险按个人月工资的5%支付,企业支付月工资的24%;医疗保险个人缴纳月工资的3.5%,企业缴纳月工资的3%

续表

国别	个人所得税	社保政策
乌克兰	个人所得税税率为18%，红利税率为5%。按揭贷款免征个人所得税。军事义务税1.5%	如企业支付员工统一社保费满足以下条件：社会保险缴费基数高于2014年基数2.5倍以上、企业平均工资比2014年增长30%以上、人均月缴费额不低于700格里夫纳、企业平均工资超过社会最低收入水平2倍以上，则费率降低60%，从现行的41%降至16.4%；如支付最低工资，则统一社保费费率仍按41%执行。工伤和职业病社会保险基金、临时丧失劳动能力社会保险基金合并为"乌克兰社会保险基金"。统一社会费是国家强制性社会保险，从2018年1月1日起统一社会费个人缴纳对所有人统一标准，为819.06格里夫纳
亚美尼亚	月收入15万德拉姆及以下部分征收23%；月收入在15万~200万德拉姆之间为：（34500+超过15万部分）×28%；月收入超过200万德拉姆为：（552500+200万以上部分）×36%	员工月收入不足2万德拉姆的，雇主为其支付7000德拉姆保险费；员工月收入在2万~10万德拉姆之间的，雇主为其缴纳7000+（收入−20000）×15%德拉姆的保险费；员工月收入超过10万德拉姆的，雇主为其承担19000+（收入−100000）×5%

资料来源：商务部（其中亚美尼亚社保政策部分来自美国社会保障部网站）

5. 工作时间及休假规定

蒙古国和欧亚七国一般实行每周五天工作制，每天工作不超过8小时，或一周不超过40小时。如加班应有额外报酬或补偿。除周末和公休节日外，劳动者有权享受年休假，具体标准各国不一，见表5-7。

表5-7　蒙古国和欧亚七国工作时间及节假日规定一览表

国别	工作时间	休假规定
俄罗斯	每天工作8小时，一周不超过40小时。每周五天工作制，加班应有额外工作报酬	员工连续工作第一年满6个月后有权享有28个自然日的带薪休假

续表

国别	工作时间	休假规定
蒙古国	实行每周5天工作制。法定工作时间为一天不超过8小时	除国家规定的公休节日和周末休息日外，职工每年还享受年休假，休假期为21个工作日。此外，根据职工的工龄和从事劳动强度的不同，还可享受3~18个工作日不等的补充休假
格鲁吉亚	每周工作5天，一周超过41小时的劳动被视为加班，加班报酬根据双方约定的条件支付	雇员首次申请带薪休假必须在工作满11个月以后。每年的带薪休假不超过24个工作日。同时，每年可申请15个自然日的不带薪休假
阿塞拜疆	阿塞拜疆实行5天工作制，但一些政府机关星期六也办公。阿塞拜疆社会保障和劳动部每年均会公布当年的节假日和非工作日安排	—
白俄罗斯	每周工作5天或6天，且每天的工作时间不超过8小时，包括1小时午餐。每周不应超过40小时	劳动者有权使用劳动休假和专门休假，休假期间为劳动者保持平均工资，被称为"休假工资"。劳动休假每年最少为24天
摩尔多瓦	职工每周的劳动时间为40小时，午饭时间为1小时。特别艰苦的劳动必须有额外的休息时间	每年标准的最短休假时间为24个工作日
乌克兰	法定工作时间为每天工作8小时，一周不超过40小时	根据法定公休日和休假制度休息
亚美尼亚	一天工作不超过8小时，一周不超过40小时	—

注："—"表示未获取相关资料。

资料来源：2018年版《对外投资合作国别（地区）指南》各国分册

6. 风险提示

由于各国对引进外籍劳务都实行较为严格的管理制度，对外国移民均持较为谨慎的态度，但又缺乏相应的高新技术或专业领域人才。因此拟赴上述国家工作的外国人应事先做好充分准备，了解当地关于外籍劳务的政策及管理规定，熟悉签证政策，办理好相关手续及证件，依法签订并保存劳动合同，免除不必要的劳务纠纷，保障自身合法权益。尤其不要盲目轻信熟人或非法中介的介绍，以免在未签订任何劳动合同或协议的情况下贸然出国，遭受不必要的损失。此外，在当地工作的外国人还要注意遵守当地的法律法规，避免因无知而构成犯罪，如2015年初有中国公民因误入限制外国公民进入的俄罗斯城市而受到处罚。中方人员出现劳务问题时可向当地中国使馆领事部或使馆经济商务参赞处求助。

四　环保法规

面临全球性的环境问题，各国都对环境保护高度重视（如俄罗斯将环境保护视为国家战略），均设有专门的环保管理部门，并制定了和环保相关的法律法规（见表5-8），以及严格的违法惩处细则。如《俄罗斯环境保护法》规定"因不遵守有关规定导致环境污染，超过最高许可证标准排污，拒绝提供可靠的环境信息等，则缴纳如下罚金：对公民罚金可达最高工资10倍，对官员罚金可达最高工资20倍，对企业最高可罚50万卢布。"摩尔多瓦对非法砍伐价值超过10000列伊树木的个人罚款10000～20000列伊并处以社区劳动180～240小时，最高可处以3年以下监禁，对非法砍伐森林的法人处以罚款20000～60000列伊；对空气造成严重污染的个人处以罚款6000～16000列伊，最高可处以5年以下监禁，对公司处以罚款20000～60000列伊；对水体造成严重污染的个人处以罚款6000～16000列伊，最高可处以5年以下监禁，对公司处以罚款20000～60000列伊。乌克兰非常重视森林、动植物、大气、水体等重点环境资源的保护，其保护的技术标准取决于个体属性、保护方向等。违规处罚措施也较为严格，包括罚金、追究刑事责任等，同时对已破坏的部分生态要求积极恢复原貌。亚美尼亚对自然资源和生物资源的使用及造成空气和水体污染等征收费用作出了规定，规定自然资源保护费为法定支付款项。该项费用由政府根据季度使用量计算并征收，如从事养鱼类经营活动应按全部用水量的5%支付水资源使用费。对于造成环境污染所征收的费用，如有害物质所造成的环境污染，按照报告期内有害物质释放量征收。

表5-8　蒙古国和欧亚七国环保管理部门及法律法规一览表

国别	环保部门	主要环保法律法规
俄罗斯	自然资源和生态部	《俄罗斯联邦环境保护法》和《俄罗斯联邦生态评估法》是俄罗斯环保方面的基本法律
蒙古国	自然环境绿色发展与旅游部	包括《自然环境保护法》《土地法》《水法》《森林法》等基础环保法律法规，《矿产法（新）》《自然环境影响状况评估法》等涉及投资环评的法规，以及《狩猎法》《生活和生产垃圾法》等其他法律法规

国别	环保部门	主要环保法律法规
格鲁吉亚	环境保护与自然资源部	《格鲁吉亚环境保护法》《格鲁吉亚环境许可证法》等
阿塞拜疆	生态与自然资源部	《环境保护法》《大气空间保护法》《生态安全法》《土地法》《动物法》《植物保护法》《渔业捕捞法》《水文气象法》《地下资源法》《工业废料法》《供水及废水法》和《自然区域和物种保护法》等
白俄罗斯	自然资源和环境保护部	《环境保护法》《大气层空气保护法》《地下资源法》《水法》《土地法》《森林法》《国家生态技术鉴定法》《臭氧层保护法》以及《植物保护法》等
摩尔多瓦	生态环境部	《生态环境保护法》《对生态环境作用的检验和评估法》《自然资源法》《大气环境保护法》《生产和消费废物法》《个别经营活动许可证法》《国家保护自然资源基金法》《环境污染赔偿法》等
乌克兰	生态和自然资源部	《乌克兰环境保护法》
亚美尼亚	环境保护部	《自然保护法律准则》《居民卫生健康安全法》《大气保护法》《环境影响评估法》《亚美尼亚水法》《工厂保护和工厂担保法》及多个关于排放许可证发放和污染标准的法规

资料来源：2018年版《对外投资合作国别（地区）指南》各国分册

对于一些可能涉及环境问题的工业和建设项目，或外资企业投资或承包的工程项目，各国都制定了相应的环保评估标准。如亚美尼亚进行环保评估鉴定的程序包括：（1）递交环评材料；（2）举办公众听证会，收集多方意见；（3）进行专家鉴定；（4）举办二次公众听证会；（5）作出评估鉴定。评估鉴定有效期一年，如一年内相应经营活动未曾启动，则此评估鉴定自动失效。如需再次启动，则必须重新进行环保评估鉴定。蒙古国规定矿山开发及与其相关的建设项目（如公路、铁路等）均须进行环境评估，需聘请该国具有环境评估资质的公司，对开发矿山及其相关建设项目将对环境造成的影响进行评估，并将环境评估报告提交蒙古国自然环境部审批。《乌克兰国家建筑规范法》规定，有关工程和建筑项目的设计和厂房建设必须编制环境评估报告，报告必须由有相应的专业背景和技术资格的工程设计专家完成，编制完成的报告送乌克兰国家技术鉴定委员会审批，该委员会应在45～90天时间内完成评审并提出意见。格鲁吉亚环保资源部负责审批发放环保许可证，其确定有三个标准：（1）环境状态质量标准；（2）物质排放到环境中的最大允许值和环境对其他微生物的污染；（3）生产的生态要求。

此外，一些国家还通过设立抵押金制度或环境基金来保障环保义务的履行。如蒙古国实行环保抵押金制度，要求将相当于实施环保措施所需年度预算50%的资金作为抵押金。摩尔多瓦还专门设立了国家环境基金和地方环境基金，以有效保护自然生态环境，通过政府加大对环保的投入和扶持力度，一定程度上减轻企业的环保责任压力。

五　双边税收协定

1. 中俄双边税收协定

中国与俄罗斯于1994年5月27日在北京签订了《中华人民共和国政府和俄罗斯联邦政府关于对所得避免双重征税和防止偷漏税的协定》。于2014年10月13日在莫斯科重新签订了《中华人民共和国政府和俄罗斯联邦政府对所得避免双重征税和防止偷漏税的协定》及议定书。于2015年5月8日在莫斯科签订了《关于修订〈中华人民共和国政府和俄罗斯联邦政府对所得避免双重征税和防止偷漏税的协定〉的议定书》，新版协定于2016年4月9日生效，于2017年1月1日起执行。从双边税收协定内容看，对于主要类型收入的税收管辖如下：

（1）营业利润。中国居民企业在俄罗斯设立分支机构、代表处等进行经营活动或在俄罗斯进行承包工程、提供劳务等经营活动取得的营业利润，在俄罗斯是否负有企业所得税纳税义务，依据其在俄罗斯所从事的经营活动是否构成常设机构和是否归属于该常设机构来确定。中俄税收协定给予了优于两国税法典对常设机构的判定标准，并仅对属于该常设机构的利润赋予俄罗斯征税权。在确定常设机构的利润时，应当允许其扣除营业发生的各项费用，包括行政和一般管理费用，不论其发生于俄罗斯，还是中国。如果在俄罗斯没有构成常设机构，或者营业利润不属于该常设机构，则该营业利润在俄罗斯没有纳税义务，在俄罗斯不用缴纳企业所得税。

（2）国际运输。国际运输是指中国居民企业经营的涉及中俄两国国境间往来的运输，不包括仅在俄罗斯各地之间经营的运输。中国居民企业以船舶或飞机经营国际运输业务所取得的利润，涉及来源于俄罗斯的所得，包括参加合伙经营、联合经营或者参加国际经营机构取得的利润，俄罗斯没有征税权。对于陆路国际运输，2014年签订的中俄税收协定没有作出规定，应当按照中俄两国国内法的有关规定执行。

（3）与常设机构无关的股息、利息、特许权使用费、转让财产收益、不动产所得（租金）。对与中国居民企业在俄罗斯构成的常设机构有实际联系的股息、利息、特许权使用费（含租金）、财产收益等所得，应并入该常设机构的利润，依据《俄罗斯联邦税法典》缴纳企业所得税。主要参考如下规定：

①股息。中国居民企业从设立在俄罗斯的子公司取得的股息收入，依据中俄税收协定中相关的股息条款，如果股息受益所有人为中国居民公司（合伙企业除外），并直接拥有支付股息的公司至少25%资本且持股金额至少达8万欧元（或等值的其他货币）的情况下，俄罗斯股息预提税不应超过股息总额的5%；在其他情况下，不应超过股息总额的10%，优惠于俄罗斯企业所得税法规定的15%税率。

②利息。依据中俄税收协定中相关的利息条款，如果中国居民企业为利息受益所有人，则中国居民企业在俄罗斯拥有的债权取得的利息收入，俄罗斯没有征税权，免征预提所得税，优惠于俄罗斯企业所得税法规定的20%税率。但由于延期支付而产生的罚款不享受免税待遇。

③特许权使用费。"特许权使用费"指使用或有权使用文学、艺术或科学著作（包括电影影片、无线电或电视广播使用的胶片、磁带）的版权，任何专利、商标、设计或模型、图纸、秘密配方或秘密程序，为使用或有权使用工业、商业、科学设备所支付的作为报酬的各种款项，或者为有关工业、商业、科学经验的信息所支付的作为报酬的各种款项。依据中俄税收协定中特许权使用费条款，如果中国居民企业为特许权使用费受益所有人，对中国居民企业从俄罗斯取得的特许权使用费收入，俄罗斯具有有限征税权，所征预提所得税不应超过特许权使用费总额的6%，优惠于俄罗斯企业所得税法规定的20%税率。

④转让财产收益。中俄税收协定规定了俄罗斯具有征税权的转让财产收益类型。一是中国居民企业转让位于俄罗斯的不动产取得的收益；二是中国居民企业转让在俄罗斯的常设机构持有的营业财产部分的动产，或者在俄罗斯从事独立个人劳务的固定基地的动产取得的收益，包括转让常设机构（单独或者随同整个企业）或者固定基地取得的收益；三是中国居民企业转让俄

罗斯公司股份取得的收益，且该股份价值的50%（不含）以上直接或间接由来自于俄罗斯的不动产所组成。除此之外，对于转让其他财产取得的收益，俄罗斯没有征税权，包括中国居民企业转让从事国际运输的船舶、飞机，或者转让与上述船舶或飞机的运营相关的动产取得的收益。

⑤不动产所得（租金）。不动产所得是指在不动产所有权不转移的情况下，直接使用、出租或者以任何其他形式使用不动产取得的所得。中国居民企业从位于俄罗斯的不动产取得的所得（包括农业或林业所得），俄罗斯拥有征税权。在俄罗斯的不动产是依据俄罗斯法律所规定的含义，包括附属于不动产的财产；农业和林业所使用的牲畜和设备；有关地产的一般法律规定所适用的权利；不动产的用益权以及由于开采或有权开采矿藏、水源和其他自然资源取得的不固定或固定收入的权利。船舶和飞机不应视为不动产。

（4）独立个人劳务。中国税收居民通过专业性劳务或者其他独立性活动取得的所得，应仅在中国征税。"专业性劳务"特指独立的科学、文学、艺术、教育或教学活动，以及医师、律师、工程师、建筑师、牙医师和会计师的独立活动。但具有以下情况的，可以在俄罗斯征税：在俄罗斯为从事上述活动设有经常使用的固定基地（个人从事其独立个人劳务的固定地点）。在这种情况下，俄罗斯可以仅对归属于该固定基地的所得征税；或者在有关纳税年度开始或结束的任何12个月内在俄罗斯停留连续或累计达到或超过183天，俄罗斯可以对在俄罗斯境内进行活动取得的所得征税。

（5）受雇所得。除适用董事费、退休金、政府服务等特别规定外，中国居民因受雇取得的薪金、工资和其他类似报酬，除在俄罗斯从事受雇的活动以外，应仅在中国征税。在俄罗斯从事受雇活动取得的报酬，可以由俄罗斯征税。但在中国企业经营国际运输的船舶或飞机上从事受雇活动取得的报酬，仅在中国征税；中国居民因在俄罗斯从事受雇活动取得的报酬同时具有以下三个条件的应仅在中国征税：收款人在有关纳税年度开始或结束的任何12个月内在俄罗斯停留连续或累计不超过183天；该项报酬由并非俄罗斯居民的雇主支付或该雇主的代表支付；该项报酬不是由雇主设在俄罗斯的常设机构或固定基地所负担。

2. 中蒙双边税收协定

1991年8月，我国与蒙古国签订了中蒙税收协定，包括17种应税情况以及两国政府间消除双重征税的方法、非歧视待遇、两国政府相互协商程序、情报交换等内容。目前中蒙税收协定在中国适用的具体税种为企业所得税和个人所得税。而蒙古国同样适用于个人所得税和企业所得税。由于两国的国内法在协定签署后均有较大调整，税收协定同样适用于协定签订之日后征收的属于相同或者实质相似的税收。根据协定第二十八条规定，《中华人民共和国政府和蒙古人民共和国政府关于对所得避免双重征税和防止偷漏税的协定》自1992年6月23日生效，并于1993年1月1日起执行。见表5-9。

表5-9　中蒙两国跨国经营具体征税规定

应税 行为	一般规定	税收分配
不动产 所得	不动产应当具有不动产所在地的缔约国的法律所规定的含义。包括附属于不动产的财产，农业和林业使用的牲畜和设备，以及不动产的用益权。不动产所得应适用于从直接使用、出租或者任何其他形式使用不动产取得的所得	中国居民从位于蒙古国的不动产取得的所得，可以在蒙古国征税
营业 利润	企业营业收入须扣除其进行营业发生的各项费用	中国居民在蒙古国构成常设机构的前提下，蒙古国才有权对其营业利润征税
国际运输 业务	主要是对企业以船舶、飞机或陆运工具经营国际运输业务所得征税	①仅在企业总机构所在缔约国征税；②国际航空运输业务免征企业所得税及个人所得税；③国际海运业务免征企业所得税，征收间接税与个人所得税
连属 企业	连属企业是指两个企业之间的商业或财务关系不同于独立企业之间的关系	连属企业之间，本应该由一个企业取得利润而因为关联关系而没有取得的，可以计入该企业的利润并据以征税
股息	股息是指从股份或者非债权关系分享利润的所得，以及按照分配利润公司的缔约国法律，视同股份所得同样征税的其他公司权利所得	缔约国一方居民公司支付给缔约国另一方居民的股息，可以在该缔约国另一方征税。如在蒙古国的中国居民企业向中国投资者支付股息，蒙古国有权按10%税率征税。但是，如果收款人是股息受益所有人，则所征税款不应超过该股息总额的5%

应税行为	一般规定	税收分配
利息	利息是指从各种债权取得的所得，不论其有无抵押担保或者是否有权分享债务人的利润；特别是从公债、债券或者信用债券取得的所得，包括其溢价和奖金	发生于缔约国一方而支付给缔约国另一方居民的利息，可以在该缔约国另一方征税。中蒙税收协定规定来源国即支付利息的国家有权按10%税率征税。为鼓励缔约国双方资金流动及政府贷款等援助项目的实施，另有一些协定规定了缔约国一方中央银行、政府拥有的金融机构或其他组织从另一方取得的利息在另一方免予征税（即在来源国免税）
特许权使用费	特许权使用费是指使用或有权使用文学、艺术或科学著作（包括电影影片、无线电或电视广播使用的胶片、磁带）的版权，专利、专有技术、商标、设计或模型、图纸、秘密配方或秘密程序所支付的作为报酬的各种款项，以及使用或有权使用工业、商业、科学设备或有关工业、商业、科学经验的情报所支付的作为报酬的各种款项	中蒙税收协定对特许权使用费一律规定来源国按10%税率征税。如在蒙古国的中国居民企业向中国专利拥有人支付特许权使用费时，蒙古国税务当局有权对该支出按10%税率征税
财产收益	中国居民企业在蒙古国的财产收益主要是指转让位于蒙古国的不动产、位于蒙古国的常设机构营业资产中的动产、转让来自蒙古国居民公司的股票收益等	①中国居民转让位于蒙古国的不动产所得的收益，可以在蒙古国征税；②中国居民转让位于蒙古国的常设机构营业资产中的动产所得收益，可以在蒙古国征税；③转让国际运输业务工具或者转让属于经营国际运输工具的动产取得的收益，应仅在该企业总机构所在国征税；④转让一个公司财产股份的股票取得的收益，该公司的财产又主要直接或者间接由位于蒙古国的不动产所组成（即该公司为不动产组成公司），可以在蒙古国征税；⑤转让第四条所述以外的其他股票取得的收益，该项股票又相当于蒙古国居民公司至少25%的股权，可以在蒙古国征税；⑥转让上述第一条到第五条所述财产以外的其他财产取得的收益，如果转让者为中国居民企业，则仅在中国征税

续表

应税 行为	一般规定	税收分配
独立个人 劳务	专业性劳务（包括独立的科学、文学、艺术、教育或教学活动，以及医师、律师、工程师、建筑师、牙医师和会计师的独立活动）或者其他独立性活动取得的所得	中国居民在蒙古国从事专业性劳务或者其他独立性活动取得的所得，应仅在中国征税。但具有下列情况的也可以在蒙古国征税：①中国居民从事上述活动设有经常使用的固定基地，这种情况下，蒙古国可以仅对属于该固定基地的所得征税；②中国居民在蒙古国停留连续或累计超过183天，在这种情况下，蒙古国可以仅对在蒙古国进行活动取得的所得征税
非独立 个人劳务	主要是指缔约国一方居民因受雇取得的薪金、工资和其他类似报酬	①中国居民因受雇取得的薪金、工资和其他类似报酬，除在蒙古国从事受雇的活动以外，应仅在我国征税，在蒙古国受雇的活动取得的报酬，可以在蒙古国征税；②收款人历年中在蒙古国停留连续或累计不超过183天，该项报酬由并非蒙古国居民雇主支付或该雇主的代表支付，该项报酬不是由雇主设在蒙古国的常设机构或固定基地所负担的均应仅在蒙古国征税；③在我国居民企业经营国际运输的船舶或飞机上从事受雇的活动取得的报酬，应仅在该企业总机构所在国征税

资料来源：作者整理

3. 中格双边税收协定

中华人民共和国和格鲁吉亚于2005年6月22日签订了《中华人民共和国政府和格鲁吉亚政府关于对所得和财产避免双重征税和防止偷漏税的协定》，该协定已于2005年11月10日生效。其中协定对不动产所得、营业利润、海运和空运、连属企业、股息、利息、特许权使用费、财产收益、独立个人劳务所得等作出了相关规定。

当然，中资企业在格鲁吉亚设立子、分公司或代表处也需要关注纳税申报风险。比如，在设立子公司投资阶段时，应考虑当地的税收优惠适用性及将款项汇出时产生的预提所得税的影响（如股息、利息及特许权使用费等）。子公司采用清算退出时，应充分考虑格鲁吉亚国内法的规定，以及相应的税务成本与风险，包括资本利得税、当地流转税等税种的计算、申报和缴纳等。又如，中国企业在格鲁吉亚设立代表处或海外分公司，可能会被视为在格鲁吉亚设立常设机构或被视为税收居民企业，进而产生企业所得税、个人所得税及流转税等。同时，分公司利润汇回中国时也需要考虑预提所得税的影响，否则将面临被处罚的风险。再如，中资企业赴格鲁吉亚投资，从事基础设施和建筑工程类行业较多，建筑工程和外派人员构成常设机构的风险较大。根据双边税收协定规定，只有中国企业通过其设在格鲁吉亚的常设机构进行营业时，格鲁吉亚才有权对这个中国企业的营业利润征税。从中国"走出去"企业的角度来看，应特别关注税收协定中构成常设机构的条件。根据格鲁吉亚的税收法规，非居民实体如果构成常设机构，则须就其来源针对该常设机构的所得缴纳企业所得税。而非居民取得与常设机构无关的所得，需要缴纳预提所得税。因此如果中国企业在格鲁吉亚构成常设机构，应注意划分来源于常设机构的所得和与常设机构无关的所得，否则易造成纳税申报方面的风险。

4 中阿双边税收协定

2005年3月17日，中国与阿塞拜疆两国政府签署《中华人民共和国政府和阿塞拜疆共和国政府关于对所得避免双重征税和防止偷漏税的协定》，于同年8月17日生效，并于2006年1月1日开始执行。该协定对不动产所得、营业利润、海运和空运、连属企业、股息、利息、特许权使用费、财产收益、独立个人劳务所得、非独立个人劳务所得等均做出了相关规定，部分主要所得税规定简要介绍如下：

（1）不动产所得。中国居民从位于阿塞拜疆的不动产取得的所得（包括农业或林业所得），可以在阿塞拜疆征税。

（2）营业利润。中国企业的利润应仅在中国征税，但中国企业通过设在阿塞拜疆的常设机构在阿塞拜疆进行营业的除外。如果该企业通过设在阿塞拜疆的常设机构在当地进行营业，其利润可以在阿塞拜疆征税，但应仅以属于该常设机构的利润为限。在确定常设机构的利润时，应当允许扣除其进行营业发生的各项费用，包括行政和一般管理费用，不论其发生于该常设机构所在国或者其他任何地方。

（3）股息。缔约国一方居民公司支付给缔约国另一方居民的股息，可以在该缔约国另一方征税。然而，这些股息也可以在支付股息的公司是其居民的缔约国，按照该缔约国法律征税。但是，如果股息受益所有人是缔约国另一方居民，则所征税款不应超过股息总额的百分之十。缔约国一方居民公司从缔约国另一方取得利润或所得，该缔约国另一方不得对该公司支付的股息征收任何税收。但支付给该缔约国另一方居民的股息或者据以支付股息的股份与设在缔约国另一方的常设机构或固定基地有实际联系的除外。对于该公司的未分配的利润，即使支付的股息或未分配的利润全部或部分是发生于该缔约国另一方的利润或所得，该缔约国另一方也不得征收任何税收。

（4）利息。发生于缔约国一方而支付给缔约国另一方居民的利息，可以在该缔约国另一方征税。然而，这些利息也可以在该利息发生的缔约国，按照该缔约国的法律征税。但是，如果利息受益所有人是缔约国另一方的居民，则所征税款不应超过利息总额的百分之十。其中，可享受免税的金融机构在中国特别包括：中国国家发展银行、中国进出口银行、中国农业发展银行、社会保险基金理事会、中国银行、中国建设银行、中国工商银行和中国农业银行；在阿塞拜疆特别包括：阿塞拜疆共和国国家银行和阿塞拜疆共和国国家石油基金会。

（5）特许权使用费。"特许权使用费"是指使用或有权使用文学、艺术或科学著作的版权，包括电影影片、专利、商标、设计或模型、图纸、秘密配方或秘密程序所支付的作为报酬的各种款项，或者使用或有权使用工业、商业、科学设备或有关工业、商业、科学经验的情报所支付的作为报酬的各种款项。发生于缔约国一方而支付给缔约国另一方居民的特许权使用费，可以在该缔约国另一方征税。然而，这些特许权使用费也可以在其发生的缔约国，按照该缔约国的法律征税。但是，如果特许权使用费受益所有人是缔约国另一方的居民，则所征收税款不应超过特许权使用费总额的百分之十。

（6）独立个人劳务。中国居民由于专业性劳务（包括独立的科学、文学、艺术、教育或教学活动，以及医师、律师、工程师、建筑师、牙医师和会计师的独立活动）或者其他独立性活动取得的所得，应仅在中国征税。但具有以下情况之一的，可以在阿塞拜疆征税：在阿塞拜疆为从事上述活动设有经常使用的固定基地，阿塞拜疆可以仅对属于该固定基地的所得征税；或在任何十二个月中在阿塞拜疆停留连续或累计达到或超过一百八十三天，阿塞拜疆可以仅对在该缔约国进行活动取得的所得征税。

5. 中白双边税收协定

1995年1月17日，中白两国签署《中华人民共和国政府和白俄罗斯共和国政府关于对所得和财产避免双重征税和防止偷漏税的协定》，该协定从1997年1月1日开始执行。

按中白双边税收协定规定，其将两国居民取得的跨国收入区分为消极所得和积极所得，从而据此进行征税权的划分。在积极所得中，协定把有关个人劳务所得的规定独立出来加以规定。所谓消极所得，是指没有实施营业活动而获得的投资性所得，如利息、股息、特许权使用费。所谓积极所得，是指通过实质性经营营业活动而取得的所得。对于消极所得和积极所得，居住国的税收管辖权没有太大的区别，但对于来源国的税收管辖权影响很大，同时，结合常设机构的认定，来源国的税收管辖权在一定程度上被加以限制。按照中白税收协定的规定，消极所得包括股息、利息以及特许权使用费，积极所得包括营业利润、不动产使用所得以及财产出让所得，个人劳务所得由于具有特殊性，被从积极所得中分割出来单独规定。

中资企业赴白俄罗斯投资承包时，应仔细研读双边税收协定文本中的规定，将不同类型的所得与税收管辖权进行综合统筹，为税收筹划预留出一定空间。例如，根据白俄罗斯税法的规定，非居民企业取得来源于白俄罗斯的利息、股息、特许权使用费等消极收入（不涉及常设机构），通常要按照适用税率缴纳预提税（股息、特许权使用费的一般预提税税率均高于10%）。如果中国居民企业不主动享受中白税收协定优惠，不事先表明自己受益所有人身份的，则会多承担一部分税收成本。

6. 中摩双边税收协定

2000年6月7日，中国政府与摩尔多瓦共和国政府在北京签署了《中华人民共和国政府和摩尔多瓦共和国政府关于对所得避免双重征税和防止偷漏税的协定》。该协定自2001年5月26日起生效，并于2002年1月1日起执行。中摩税收协定共计二十九条，主体内容涵盖了协定适用范围、常设机构、各类所得税收管辖权的分配、消除双重征税方法、税收无差别待遇、协商程序和税收情报交换等。

对于主要包括股息、利息以及特许权使用费等消极所得，根据中摩税收协定规定，对于取得消极所得的中国居民，如在摩尔多瓦构成常设机构，则取得的上述所得应并入常设机构，征收摩尔多瓦企业所得税；如该中国居民未构成常设机构，则其取得的上述所得仅需在摩尔多瓦计征预提所得税。如取得所得的中国居民为上述所得的受益所有人，则预提所得税税率不得超过税收协定规定的税率。

对于营业利润等积极所得，根据中摩税收协定规定，缔约国一方企业的利润应仅在该缔约国征税，但该企业通过设在缔约国另一方的常设机构在该缔约国另一方进行营业的除外。如该企业通过设在该缔约国另一方的常设机构在该缔约国另一方进行营业，其利润可以在该缔约国另一方征税，但应仅以属于该常设机构的利润为限。

7. 中乌双边税收协定

1995年12月4日，中国政府和乌克兰政府在北京签订了《中华人民共和国政府和乌克兰政府关于对所得和财产避免双重征税和防止偷漏税的协定》和《中华人民共和国政府和乌克兰政府关于对所得避免双重征税和防止偷漏税的协定的议定书》，以上协定及议定书目前已全面生效执行。在此重点介绍部分关于所得税的规定。

在股息、利息、特许权使用费（消极所得）方面，中乌税收协定规定：中国居民企业从乌克兰取得股息、利息或特许权使用费，除中国根据居民地管辖权拥有征税权外，乌克兰根据来源地管辖权也拥有征税权，但受到一定限制。具体如下：

（1）股息。如果收取股息的中国公司是受益所有人，且直接拥有分配股息公司至少25%的资本（合伙企业除外），则乌克兰股息预提所得税率为5%；其他情况下，乌克兰股息预提所得税率为10%；上述规定不影响对该乌克兰公司支付股息前的利润所征收的乌克兰公司利润税。

（2）利息。如果收取利息的中国公司是受益所有人，则利息预提所得税率为10%；如果属于发生在乌克兰而为中国政府、行政区、地方当局及中央银行或者履行政府职责并且完全为政府所有的金融机构取得的利息，应在乌克兰免税；如果由于支付利息方与受益所有人之间或者他们与其他人之间的特殊关系，就有关债权所支付的利息数额超出支付人与受益所有人没有上述关系所能同意的数额时，上述优惠税率应仅适用于没有上述特殊关系所能同意的数额，对超出部分，仍应按中国或乌克兰本国法律征税。

在营业利润等积极所得方面，根据中乌税收协定第七条的规定，对于中国居民企业取得来源于乌克兰的营业利润应仅在中国征税，但如果该中国企业通过设在乌克兰的常设机构进行营业，则其利润也可以在乌克兰征税，但仅以归属于该常设机构的利润为限。

在确定常设机构的利润时，应将该常设机构视同在相同或类似情况下从事相同或类似活动的独立分设企业，并同该常设机构所隶属的企业完全独立处理，该常设机构可能得到的利润在缔约国各方应归属于该常设机构。但不应仅由于常设机构为企业采购货物或商品，将利润归属于该常设机构。

在计算时应当允许扣除其进行营业发生的各项费用，包括行政和一般管理费用，不论其发生于该常设机构所在国或者其他任何地方。但是，常设机构由于使用专利或其他权利支付给企业总机构或该企业其他办事处的特许权使用费、报酬或其他类似款项，具体服务或管理的佣金，以及向其借款所支付的利息，银行企业除外，都不作任何扣除（属于偿还代垫实际发生的费用除外）。同样，在确定常设机构的利润时，也不考虑该常设机构从企业总机构或该企业其他办事处取得的特许权使用费、报酬或其他类似款项，具体服务或管理的佣金，以及贷款给该企业总机构或该企业其他办事处所取得的利息，银行企业除外（属于偿还代垫实际发生的费用除外）。

8. 中亚双边税收协定

中华人民共和国和亚美尼亚于1996年5月5日签订了《中华人民共和国政府和亚美尼亚共和国政府关于对所得和财产避免双重征税和防止偷漏税的协定》，该协议已于1996年11月28日生效。该协定对不动产所得、营业利润、国际运输、连属企业、股息、利息、特许权使用费、财产收益、独立个人劳务、非独立个人劳务、董事费、退休金，以及从事艺术家和运动员、政府服务、教师和研究人员、学生和实习人员等方面的所得作出了详细规定。

中国居民从亚美尼亚取得的所得，按照两国间协定规定在亚美尼亚缴纳的税额，可以从对该居民征收的中国税收中抵免。但是，抵免额不应超过对该项所得按照中国税法和规章计算的中国税收数额。

除中亚双边协定外，同其他大多数国家一样，在亚美尼亚的中资企业还受国内投资母国税法的影响，《企业境外所得税收抵免操作指南》（国家税务总局公告〔2010〕1号）依照企业所得税法，对境外所得税收抵免适用范围有了更进一步明确规定：居民企业（包括按境外法律设立但实际管理机构在中国，被判定为中国税收居民的企业）可以就其取得的境外所得直接缴纳和间接负担的境外企业所得税性质的税额进行抵免。

根据《财政部、税务总局关于完善企业境外所得税收抵免政策问题的通知》（财税〔2017〕84号）文件的规定，企业可以选择按国（地区）别分别计算，或者不按国（地区）别汇总计算其来源于境外的应纳税所得额，并按照《财政部、国家税务总局关于企业境外所得税收抵免有关问题的通知》（财税〔2009〕125号）文件第八条规定的税率，分别计算其可抵免境外所得税税额和抵免限额。上述方式一经选择，五年内不得改变。

第六章

投资合作的相关手续

一 公司注册

一般来讲，在蒙古国和欧亚七国，外国企业可以设立的企业形式主要有公司代表处、分公司、有限责任公司和股份公司等，其他形式还包括白俄罗斯的附加责任公司、格鲁吉亚的合作社等。不同类型的企业，注册申请手续及要求略有差异。值得注意的是，通常注册申请材料需翻译为当地语言并进行公证。各国外资企业注册流程及要求见表6–1。

表6–1　在蒙古国和欧亚七国投资注册企业需要办理的手续一览表

国别	注册企业受理机构	注册企业主要程序及申请材料	注册所需时间	特殊要求
俄罗斯	法人（子公司）登记机关为联邦税务局区域分支机构；公司代表处或分公司的注册机构为司法部国家注册局或俄罗斯工商会	外国法人注册子公司，应当向未来子公司所在地的登记机关提交一整套文件，包括：（1）国内母公司的注册证明文件；（2）国内母公司国家商务机关对公司注册或认证的证明；（3）国内母公司章程或备忘录，或公司条文，或股份协议，或合意证明；（4）国内母公司银行账户的证明；（5）国内母公司税务证明	各主管机构审核批准不同形式的分支机构设立申请，所需要的时间不同。目前注册有限责任公司约需审批3~5天	子公司、分公司、代表处的注册方式不同，建议详询并委托当地律师事务所或服务机构办理

续表

国别	注册企业受理机构	注册企业主要程序及申请材料	注册所需时间	特殊要求
蒙古国	国家登记注册局	设立外国投资企业的申请需包括以下内容：（1）投资者的名称、地址、公民国籍；（2）投资种类、规模；（3）企业的形式；（4）投资的基本形式；（5）投资的基本行业，从事的生产、服务；（6）投资、实施的阶段及期限 申请应附以下资料：（1）投资者的介绍、身份证、护照和法人登记证书复印件等；（2）设立外国投资企业的合同、章程；（3）经相关登记机构审查确认的关于是否与其他法人名称重合的文件；（4）开户银行关于投资者支付能力的证明；（5）可行性研究报告；（6）外国投资企业的正式地址和电话联系方式等；（7）《经营特别许可法》中规定的相关许可	15个工作日	设立代表处的相关程序略有不同，企业可赴蒙古国投资局对在蒙古国投资经营相关问题进行详细咨询
格鲁吉亚	公共服务大厅任何分支机构或国家公共注册局任一办公地点	通常需提交下列经公证的文件（如系外文，需提供经公证的翻译件）：（1）发起人/创始人会议纪要；（2）公司章程5份；（3）董事长提供给税务登记处和开户银行的签名样本；（4）如非创始人自己办理，需提供授权委托书；（5）银行开设临时账户提供的注资证明；（6）办公地址证明，如系租房还需提供租房合同；（7）如外国公民注册企业，需提供护照公证件；（8）如非现金出资，需提供证明出资的估价文件	约3天	—
阿塞拜疆	阿塞拜疆司法部	注册文件要求使用阿塞拜疆语，绝大多数外国公司通过当地律师办理注册。通常注册1家公司的全部费用（司法部收取的国家规费和律师服务费、翻译费）在1000~1800美元之间	3个工作日	—
白俄罗斯	外交部主管，需经所在州执行委员会的许可以及地方人民代表会议依其权限批准	开设独资企业、合资企业和代表处的注册手续不尽相同，主要包括：书面申请（需有所有成立人的签字）、成立文件公证书或成立文件复印件 合资企业还应提交法人营业执照或自然人护照、保函或其他证明合资企业在其所在地的合法性的文件等材料；设立代表处还应提交开设代表处的目的、有关公司的材料、公司的详细经营范围、公司代表处在白俄罗斯的名称、代表处的有关材料、为该公司提供服务的银行名称等材料	不超过15天	外国投资类企业注册外资最小额度为2万美元（可分两年筹资完成）

国别	注册企业受理机构	注册企业主要程序及申请材料	注册所需时间	特殊要求
摩尔多瓦	国家注册局及下设地方分局	法人需提交以下文件(均需翻译):(1)投资者本国相关部门发放的相关身份证明文件;(2)外国企业注册证明;(3)外国企业的创立文件;(4)外国企业开户行出具的该企业的资信证明;(5)投资各方"关于在摩尔多瓦建立企业的决定"证明文件(如果是投资方的全权委托人,则需出具相关委托书);(6)确认已支付注册费的清单。自然人只需提供身份证明复印件及已付注册费清单	注册企业依据期限不同、类型不同,所需时间不同,最长期限为5个工作日	最低注册资金统一为2万列伊。有限责任公司为333.83欧元;合资股份制企业为1236.36欧元
乌克兰	司法部及地方行政机关下属注册机关;乌克兰经济发展和贸易部负责外国公司代表处的登记注册	自然人或法人向司法部、各州市政府所属负责企业登记部门提出书面申请,并提供下列信息。(1)公司基本情况,须注明:①公司名称;②公司的法律组织形式;③公司经理(必须是乌克兰人或持有长居许可的外国人),外国人或无国籍人(不在乌克兰永久居住)就业前需从公司办理该职位的工作许可证;④公司股东;⑤注册资本(金额不限,但不低于注册之时的最低月工资标准);⑥注册的公司地址(办公室),⑦股东数量(不能超过100个);⑧公司的经营范围。(2)自然人注册有限责任公司还应提供在乌克兰拥有的合法身份和税号(在乌申请)。(3)乌克兰公司或外国公司注册有限责任公司,应向审批机构提供以下材料:①公司章程;②公司营业执照(副本);③董事会决议;④负责人的授权书;⑤公司的经营范围;⑥注册的公司地址。上述文件均须翻译成乌克兰语并进行公证和认证		注册资本在公司第一年经营期间缴清;注册资本1000万格里夫纳以上的公司可直接在司法部注册,注册文件与普通公司相同
亚美尼亚	国家登记委员会	注册企业应准备以下文件(所有文件均须提供亚语公证件):(1)由董事会全权代表签署的注册申请书;(2)董事会召开公司创立大会的会议纪要,由会议主席和秘书签字;(3)董事会在公司创立大会上通过的公司章程,至少需两份;(4)国家税收支付凭据;(5)注册资金支付凭证(可自行选择开户银行,注册资金最低限额根据公司形式不同有所区别);(6)其他可能需要的证明材料,如法人全权代表的个人信息和联系方式等	理论上只需15分钟	—

注:"—"表示未获取相关资料。

资料来源:2018年版《对外投资合作国别(地区)指南》各国分册

二 商标注册

蒙古国和欧亚七国均是《保护工业产权巴黎公约》《商标国际注册马德里协定》《商标注册用商品和服务国际分类尼斯协定》《商标注册条约》和世界知识产权组织的成员国。在遵循上述国际协议的框架下，各国有各自注册商标的办理要求及流程，见表6-2。

表6-2 在蒙古国和欧亚七国注册商标需要办理的手续一览表

国别	管理部门	申请人要求	申请材料	特殊限制
俄罗斯	知识产权、专利及商标局	—	注册商标提交的文件包括：（1）注册商标的图像一式5份，可以是照片、印刷或其他形式，纸张要求结实、紧密，尺寸8×8cm（由于外观原因，宽度可以是8~10cm）。彩色商标要求彩色与黑白版图像各一式5份。立体图像要求全景及不同侧面图像。（2）若商标为文字或图文混合，需文字部分的书写样式。（3）含有注册商标的商品及服务国际分级清单。（4）商标申请者信息：①商标申请者注册申请复印件；②商标申请者税务信誉声明复印件；③商标申请者全称；④联系人通信地址；⑤商标申请者银行账户信息	—
蒙古国	知识产权局	公民、法人	—	以蒙古文进行申报
格鲁吉亚	国家知识产权中心	一般委托有资格的律师办理	商标注册申请书、申请人姓名和合法地址、商标描述、所售商品清单（可用外文并提供格文翻译件）、书面委托他人代理申请的代理人姓名和合法地址、申请人或其代理人签名	分国内商标和国际商标，应以格文书写商标申请文件
阿塞拜疆	国家标准、计量和专利委员会	外国法人和自然人均可申请，但必须通过正式注册的代理人办理	【发明专利】①申请文件：包括说明书、权利要求书、说明书附图、摘要、摘要附图；②申请信息：申请人及发明人姓名、地址及邮编，申请国家，联系人等；③如果要求优先权，还需提供在先申请的受理通知书及在先申请的优先权证明文件；④宣誓书及委托书	外国法人和自然人每次只能申请一种商标

续表

国别	管理部门	申请人要求	申请材料	特殊限制
阿塞拜疆	国家标准、计量和专利委员会	外国法人和自然人均可申请，但必须通过正式注册的代理人办理	【工业设计】①申请信息：申请人及发明人姓名、地址，申请国家，联系人等；②外观设计图片或照片：申请人应当提交立体图（展开图）和六面视图（即主视图、后视图、左视图、右视图、俯视图和仰视图），六面视图的尺寸比例必须一致。必要时可以提交参考视图；③工业设计简要说明 【实用新型专利】①请求书：包括实用新型专利的名称、发明人或设计人的姓名、申请人的姓名和名称、地址等。②说明书：包括实用新型专利的名称、所属技术领域、背景技术、发明内容、附图说明和具体实施方式。说明书内容的撰写应当详尽，所述的技术内容应以所属技术领域的普通技术人员阅读后能予以实现为准。③权利要求书：说明实用新型的技术特征，清楚、简要地表述请求保护的内容。④说明书摘要：清楚地反映发明要解决的技术问题，解决该问题的技术方案的要点以及主要用途	
白俄罗斯	专利局	自然人或法人，也可通过专利代理	标志、申请人姓名、总部或住所、与申请件相关联的标志、商标注册所适用的商品名录。随附材料包括：证明规费支付、该付款免除或有理由减少所述费用情况存在的文件；通过代理组织提交，需提交证明其专利代理权的文件；集体商标的注册申请，需提交该集体商标的章程；与该申请提交相关的标志之照片或照片复制品。具体申请所需文件由专利局决定	有海外总部的外国法人以及在白俄罗斯境外居住的自然人，为了保证在白俄罗斯获得商标注册或延长其有效期，应通过白俄罗斯的专利代理人到专利局注册。一份申请只能涉及一个商标
摩尔多瓦	国家知识产权局	—	商标注册申请及15张商标照片或图样（7.5cm×7.5cm）	《商标国际注册马德里协定》在摩尔多瓦有效

续表

国别	管理部门	申请人要求	申请材料	特殊限制
乌克兰	国家知识产权署	已注册企业可直接到知识产权署申请；未在当地注册的外国企业必须通过在知识产权署登记从业的代理人申请商标注册	委托书、商标图样（如指定颜色，须声明并附彩色图样）、指定商品或服务；对于集体商标，使用该商标的规则复印件	商标保护期限为10年，并且可以无限延期
亚美尼亚	国家商标注册委员会	以法人或个体企业或从事企业活动的外国自然人身份注册	商标图样、商标注册人信息和其他授权主体所确认的信息及有关补充材料	商标有效期10年，可以延续，每延续一次为10年

注："—"表示未获取相关资料。

资料来源：2018年版《对外投资合作国别（地区）指南》各国分册

三　专利注册

见表6-3。

表6-3　在蒙古国和欧亚七国申请专利需要办理的手续一览表

国别	管理部门	专利申请要求
俄罗斯	知识产权、专利及商标局	企业申请专利需向专利局提交申请
蒙古国	知识产权局	发明、外观设计、实用新型的申请，应当由其创作人及被授予权利的个人、法人向知识产权局提出。对于每项发明、外观设计、实用新型都应单独提出申请。发明的申请应当由请求书和发明说明书、权利定义和摘要组成，必要时应有附图和有关权力机关的确认
格鲁吉亚	国家知识产权中心	企业申请专利须向该中心提交申请
阿塞拜疆	国家标准、计量和专利委员会	外国法人和自然人均可在阿塞拜疆申请专利，但必须经过在阿塞拜疆正式注册的专利代理人办理（申请文件须翻译成阿塞拜疆语）

续表

国别	管理部门	专利申请要求
白俄罗斯	专利局	对发明、工业品外观设计实行专利保护，并进行专利性审查，即新颖性、创造性（对工业品外观设计而言则为独创性）和工业实用性。保护期自申请日起计算，发明专利为20年，实用新型专利有效期5年，最多可延长3年，工业品外观设计专利有效期10年，可续展5年
摩尔多瓦	国家知识产权局	根据《专利保护法No.50-XVI》的有关规定提交专利申请
乌克兰	国家知识产权署下属的知识产权研究院	乌克兰专利注册鉴定分为：普通鉴定（形式鉴定），时间约3至4个月；专业鉴定，时间约8个月，可在获得普通鉴定报告后3年内自行申请。专利注册费4000格里夫纳。如果是发明人本人申请，国家提供补助，个人只需缴纳400格里夫纳；如果是非营利社会组织申请，则需交费800格里夫纳。申请用乌克兰文或英文写成，包括以下信息：权利要求书、专利描述、专利公式、说明书等。支付证明应与申请文件同时或在申请提交之后两个月内递交
亚美尼亚	专利办公室	—

注："—"表示未获取相关资料。

资料来源：2018年版《对外投资合作国别（地区）指南》各国分册

四　劳动许可

为保障本国人就业，维持社会经济的稳定发展，蒙古国和欧亚七国对外籍劳务均实施较为严格的管理和限制。阿塞拜疆和俄罗斯都对外来劳务实行配额管理，白俄罗斯和摩尔多瓦也对外籍劳务的数量有明确的限制。蒙古国对外国劳务按月征收岗位费，标准是政府规定的最低工资的两倍。俄罗斯不仅对外籍劳务有明确配额限制，还对非法劳务进行严厉打击。在某些行业禁止或限制使用外国劳务，甚至要求凡是在俄罗斯从事零售和公共服务行业的外国劳务移民必须获取俄语水平测试证书。

一般来讲，外国人在蒙古国和欧亚七国工作均须办理当地的工作许可。多数国家只对本国人不能胜任的专业技术岗位提供劳动许可，如阿塞拜疆《劳动移民入境法》规定外国人申请的应是本地公民无法与其竞争的专业技术工作；乌克兰使用外国劳务的必要条件是在本地没有胜任此种工作的劳动者，或聘用外国专家要有充足理由；亚美尼亚规定在一定期限内证明该岗位找不到本国人后才会给外国人发放许可；白俄罗斯要求外籍劳工只能从事与其拥有的资质相符的工作。

办理劳动许可的具体流程和要求各国不一，见表6-4。特殊情况下无须办理劳动许可，比如白俄罗斯对已获得在白俄罗斯永久居留权，根据白俄罗斯政府签署的国际协定（如俄罗斯公民）可以不按限制使用外国人规定执行；外国投资建立的商务机构（已注册为白俄罗斯法人）创立者或领导、在外国公司成立的代表处工作的人员无须办理工作许可。又如亚美尼亚对投资企业的代表或其授权人、代表处的员工、到亚美尼亚给当地员工培训技术不超过6个月的专家技术人员、与亚美尼亚政府签订合同项目的专家代表等不要求办理许可。再如俄罗斯对来自独联体国家的劳务人员不要求办理劳务邀请和签证，在俄罗斯远东地区跨越式发展区注册的企业有权直接邀请外籍劳务务工，无须办理吸引外籍劳务来俄务工许可，在此区域务工的外籍劳务也不纳入俄罗斯外来人员登记范围。

表6-4　在蒙古国和欧亚七国办理劳动许可手续一览表

国别	主管部门	办理要求
俄罗斯	俄罗斯内务部移民局	办理使用外来劳务人员的手续比较复杂，其基本过程按劳务人员来源地分为来自独联体国家的劳务、来自其他国家的劳务两类。申请程序包括：递交申请—获得配额—办理劳务邀请—办理签证/办理个人打工卡—入境—办理居留（包括体检）。独联体国家劳务不需要办理劳务邀请。如果劳务关系终止，需向当地劳动就业部门及移民局申请注销，并办理有效期为10天的过境签证至离境。俄罗斯从2015年1月开始执行新的移民法，规定外国劳务人员必须掌握俄语，了解俄罗斯历史和俄联邦法律，并通过由俄联邦科教部指定的大学承办的培训和综合考核 雇主或法人代表直接或以挂号信方式向当地移民局递交"吸引和使用外国劳务许可"的申请，申请格式为制式，提交申请的同时须附以下文件：（1）法人注册及税务登记证明；（2）与外国劳务或外国劳务合作机构签订的吸引外国劳务的劳务合同计划或其他合同；（3）"吸引和使用外国劳务许可"海关缴费单。雇主需为每名外国劳务支付3000卢布的海关收费

续表

国别	主管部门	办理要求
蒙古国	劳动与社会保障部	蒙古国企业和外国投资企业均可招用外籍人员，用于技术性强、专业技术要求高的岗位，但必须同蒙古国社会保险与劳动部协商，获得工作许可。工作许可由在蒙古国的雇主向所在地劳动主管部门提出申请，经同意后由蒙古国对外关系与贸易部发放邀请函并办理劳务签证，然后到蒙古国劳动局、移民局办理工作许可证并缴纳相应费用。办理工作许可需提供以下文件：（1）外籍劳务需求说明，包括承担的工作范围、期限、劳动特点、住所、专业技术、经验、能力说明文件；（2）经公证的企业登记证或外国投资企业登记证副本；（3）与外国法人签订的引进劳务合同；（4）外国劳务护照复印件；（5）外国劳务技术证明副本；（6）劳务审批部门的确认函
格鲁吉亚	司法部会同内务部负责审核办理	赴格鲁吉亚工作的外国人须在入境前赴格鲁吉亚驻有关国家使馆办理相关工作签证，抵格后即可开始工作，但必须凭入境签证、工作合同和工作单位的文件于30天内办妥相关居留手续
阿塞拜疆	劳动和社会保障部	外国人工作准证由雇主向主管部门提出申请。申请的主要条件是申请人从事当地劳动力无法与其竞争的专业技术工作。雇主获得招聘外国劳务的名额后，还必须为每名外籍员工办理个人工作准证。按法律规定，工作准证的申请人须在阿境内申请工作准证。实际操作中申请人通常持旅游签证或短期商务签证入境，然后通过雇主申请工作许可。申请所需材料主要包括雇主资料、受聘人资料（包含专业技能和资质证书）等
白俄罗斯	内务部	无长期居住许可证的外国人，只能在获得从事劳务的特殊许可并签订劳动合同后才可在白俄罗斯境内工作。在与未获得白俄罗斯长期居住许可证的外国人签订的劳动合同中必须包含明确终止、修改、延长劳动合同的条件及程序，迁移至白俄罗斯的条件，以及饮食起居及医疗服务等。应以俄语和（或）白俄罗斯语通过书面形式签订劳动合同，并以外国人的母语或其能懂的语言通过书面形式签订劳动合同。劳动合同期限不得超过专项许可的有效期限。外国人在白俄罗斯工作许可要通过白俄罗斯当地公司办理，该公司要在内务部申请并获得"吸收外国公民到白俄罗斯工作"许可证，该许可证会规定期限和人数，此后由该公司在白俄罗斯为外国公民办理打工卡（即劳务许可），之后该公司发工作邀请函到外国公民所在国的白俄罗斯使领馆，劳务人员办理签证后抵达白俄罗斯

续表

国别	主管部门	办理要求
摩尔多瓦	经济部和内务部下属的移民登记局	摩尔多瓦劳动许可证分为两种：定期劳动许可证和永久劳动许可证。由雇主向摩尔多瓦经济部申请，获得批准后向移民局递交申请获得劳动许可，申请材料包括：（1）摩尔多瓦经济部的用工许可；（2）经国内公证部门公证的学历证明；（3）健康证明；（4）国内公安部门出具的无犯罪记录证明。由于摩尔多瓦每年规定的劳动许可有严格数量限制，超出规定数量有关部门将自动停止办理，普通劳动许可期限为1年，如需延长，期满前1个月应办理延期手续，逾期不办者，相关部门将取消当事人的劳动许可。当事人严重违反摩尔多瓦相关法律或触犯刑法，相关部门有权取消劳动许可，但当事人可按规定程序申诉
乌克兰	社会政策部所属国家就业署及其在全国各行政主体设立的就业分局	在乌克兰务工必须办理就业许可，许可最长有效期限为1年。申请者应在期满前至少1个月向就业局要求延期，每次延期1年。获得劳动许可的外国人在乌连续工作的最长期限不能超过4年，此后必须间隔6个月后才能再次提出办理劳动许可的申请。劳动许可的延期是向内务部门申请居留延期的根据。雇主或法人代表直接向主管部门提交材料（包括个人材料和雇主材料），就业局在收到材料后15天内作出向申请者颁发或拒发劳动许可的决定，并在决定作出3天内通知雇主。雇主在就业局作出发放劳动许可的决定后向地区就业局所属的国家公共社会保险基金账号缴纳失业保险，并向地区就业局递交缴费证明；如果30天内雇主未缴费，劳动许可自动撤销。就业局在收到雇主缴纳的失业保险起10天内制作并发放劳动许可
亚美尼亚	劳动与社会保障部下属劳动与就业管理局	由雇主向国家劳动与就业管理局申请，如果在一定期限内证明该岗位找不到本国人后才会给外国人发许可。外籍务工人员根据在亚美尼亚居留签证的种类和时间的长短，享受不同的工作待遇。在亚美尼亚工作的外国人无须到劳动主管部门做任何形式的工作登记，只需和业主协商完成应履行的职责和义务即可。如果有任何变故或突发事件，可以去劳动与就业局寻求帮助解决

资料来源：2018年版《对外投资合作国别（地区）指南》各国分册

五 居住手续

居住手续通常是在获得劳动许可后进行办理。如阿塞拜疆规定外国人（外交官、国际组织官员、外国投资者等法律规定的人员除外）必须先取得工作准证，而后移民局和内务部才能为其办理在阿塞拜疆长期居留手续，否则按非法滞留予以处罚。格鲁吉亚要求外籍劳务必须凭入境签证、工作合同和工作单位的文件于30天内办妥相关居留手续。新移民法修正案允许向在格鲁吉亚拥有3.5万美元以上不动产（农业用地除外）的外国公民颁发D5类签证和短期居留许可（有效期1年），外国公民投资如果超过30万拉里，可申请获得永久居留权，但是否给予永久居留权的决定权在格鲁吉亚政府。白俄罗斯相关法律规定，外国人只能在白俄罗斯驻有关国家大使馆申请到签证后，方可入境。对于根据劳动合同赴白俄罗斯工作的外国公民，必须办理短期签证C型（有权根据雇佣进行工作）。在外国企业白俄罗斯代表处工作的外国公民可获得D型长期签证。

第七章

贸易投资风险防范

一 贸易风险

贸易畅通是"一带一路"倡议的合作重点之一，为实现贸易畅通，防范贸易风险，中国企业在对蒙古国和欧亚七国开展贸易时应重点关注以下几点：

1. 做好资信调查，慎重选择合作伙伴。这要求中国企业要善于利用网络等信息资源做好商务资信调查，必要时可直接联系查询双边贸易纠纷的历史记录，也可直接向当地商会了解商人情况，避免与资信不佳的商人做生意。对于缺乏资金和必要物质条件的外国企业，选择和决定与其合作要慎重。

【典型案例3】

2013年某中资企业在与格鲁吉亚一公司开展贸易时，因国际贸易术语使用不规范，造成买卖双方对贸易方式理解存在差异，引发贸易纠纷。双方规定采用贸易术语"CIF第比利斯"，按国际惯例，CIF术语后应为港口名称。双方未订立书面合同，且对运至哪个港口及相应装卸、清关费用未做合理说明。中国卖方遂将货物运至乌克兰某港口，而格方则要求将货物运至格鲁吉亚波季港。双方争执数月，由此产生较高的滞港费、装卸费等额外费用，甚至超过商品本身价值。纠纷产生后，买卖双方对此均不肯让步，最后诉诸法律。因此在与格鲁吉亚公司贸易时，应订立较为明确的合同或其他书面协议，以免产生误解和分歧。

---

2. 积极签订购销合同，避免模糊条款。中国企业要加强自我保护意识，要求双方签订购销合同，付款条件、争议解决条款等尽可能细化，如发生争议可最大限度地保护自身利益。

3. 注重产品质量，打造中国品牌。物美价廉的中国产品（如电子、电气产品）日益受到欧亚市场的青睐，中国企业应进一步严把质量关，全面提升产品服务质量，加强售后服务；同时补短板，精雕细琢薄弱领域的高附加值产品，全面提升中国产品的竞争力。

4. 为规避风险，尽量选择电汇（T/T）或银行信用证（L/C）方式，款到发货或者发货即可通过银行议付信用证金额。还可结合当地特点，灵活选择支付方式。如格鲁吉亚企业规模总体偏小，且银行费用及利率极高，为尽可能节省成本并增加进口商品竞争力，格鲁吉亚进口商通常不愿意采取信用证方式结算，而是在合同签订后先电汇预付一部分货款（20%或30%），发货后凭出口商提供的海运提单传真件电汇支付其余货款。同样，摩尔多瓦进口商也基本不采用信用证方式支付货款，其通行的做法是先付定金，货到后支付余款，常用方式为电汇。此外，还要充分考虑汇率及收汇风险，及时了解市场变化，提前做出预案。如摩尔多瓦本国货币汇率波动较大，建议采用离岸价格（FOB）方式，交易货币建议采用欧元或美元。根据白俄罗斯中央银行第165号令，进口商只有在对方完成交货义务后才能对外付款，因此中白贸易通常采用预付款方式交易，给中国出口商带来很大的收汇风险。

5. 遵纪守法经营，确保证照齐全，信息准确透明。相关贸易公司应按照当地法律和规章制度进行清关，在操作过程中注意单证齐全，货物与单证相一致，并保留手续备份，以免发生意外纠纷。如曾有中国企业对俄出口轴承，因海关编码的差异，进口税率差别极大，俄海关根据相关竞争企业举报，按高税率核定中资企业出口产品，造成企业亏损和市场份额减少。

6. 注重商务礼仪，尊重当地风俗习惯。出席商务活动或社交等正式场合应着正装，遵守约定时间，注意个人言谈举止。

二 投资风险

各国为鼓励和吸引外资都制定了一定优惠政策框架，或是给予外资企业国民待遇。但中国企业或个人实际到当地投资还应加强风险防范意识，充分考虑东道国法律政策、政治局势、合作方资信、汇率变动等潜在风险因素，避免听从表面宣传盲目投资，给自身造成不必要的损失。

1. 充分考虑东道国法律环境的复杂性和不稳定性，全面了解相关法律法规及多双边投资合作框架。熟悉当地执法程序，做到守法合规经营。蒙古国和欧亚七国中除蒙古国外均为转型经济体,处于向市场经济转型的过渡阶段,仍留有一些计划经济的特征,许多政策法规尚待进一步完善且处于不断变更中。如俄罗斯在关系到国家安全的46个战略领域对外商的投资比例严格设限。蒙古国法律修订频繁,须密切关注当地法律变动的情况,及时调整决策和部署。阿塞拜疆法律的连贯性较弱,执法的公正性和有效性尚待加强。乌克兰涉及企业经营活动的法律名目繁多,且因政权更迭导致法律政策调整频繁。

中国企业对东道国的法律现状要有充分了解,仔细跟踪研究东道国的法律和政策异动情况。建议投资者"走出去"前要重点关注东道国法律环境问题,应就当地整体投资环境和相关行业法律法规进行深入调研和评估,聘请当地资深律师作为公司法律顾问,详细咨询项目的可行性及投资领域、规模、期限等限制。严格遵守东道国各项法律规章、规范业务操作,做到经营活动合法、居留身份合法,在此基础上加强与所在地政府部门、执法机关和工商会的沟通,建立良好关系,和谐共处。此外,投资者还应全面了解中国与东道国所签订的相互保护投资协定等相关内容,以期最大程度维护自身合法权益。

2. 密切关注东道国政治局势,防范政治风险。虽然各国均处于经济转型期,投资合作机会较多,但同时也存在很多不确定因素,如政局变动、政府人事更迭频繁、投资政策多变等,特别是还牵涉到原苏联加盟共和国与俄罗斯之间复杂的关系,可能会给前去投资的中国企业造成种种不适和困难。如目前格鲁吉亚政府班子成员普遍年轻化,思想活跃,政策出台快,变更也

【典型案例4】

某中资企业在格鲁吉亚投资矿产资源,于2011年在当地购买铜金矿开采权,开采许可证有效期自2011年11月至2047年5月。自购证后,该公司发现资源勘探储量与开采许可证标定储量存在较大差异。按开采计划,该公司勘探期为2012—2013年共两年,自2014年始须按开采期缴纳资源税和调整税,然而该公司目前尚无法进入开采阶段,故向环保部申请更换许可证,因审核程序较为复杂,该申请被长期搁置。如该问题不能尽快妥善解决,该公司须按法律规定自2014年每年多缴纳二百多万拉里的税款。后经中国驻格鲁吉亚大使馆经商参处协调,与格环保部反复交涉,该公司最终及时更换资源许可证。

快。白俄罗斯政府在投资合作初期的洽谈阶段往往承诺较为优惠的条件，但在后期办理具体事项时，又会遇到法律法规等方面的限制。

中国企业对蒙古国和欧亚七国开展投资合作应充分了解东道国国情，密切关注所在国政治局势和政策动向，包括政治、经济和社会各领域改革方向和内容，以及一些经济政策与国际规则、通行标准、国际惯例的差异等。加强风险防范意识，及时关注东道国大选等政治事件可能导致的政局和社会形势动荡及其对经济产生的影响，针对所在国市场特点制订适宜的投资规划。

3. 慎重选择投资合作伙伴及投资模式。在各国开展投资合作，选择诚信可靠、实力雄厚的合作伙伴是成功的关键之一。特别是开展大型投资合作项目时，应考虑与当地有实力和信誉好的公司进行合作，充分利用合作方资源，选择适当的合作方式，实现互利共赢。如果是中方独资项目或企业，就需要聘请有经验、有实力的顾问，帮助协调解决与驻在国各级政府部门和企业之间的相关事宜。

建议中国企业在开展投资合作之前，对拟合作的对方伙伴的创建背景、经营历史、财务资信、与政府部门之间的关系等情况进行深入调研，做到知己知彼，才能以诚相待，实现合作共赢。

4. 做好项目可行性研究，依法履行注册手续，认真对待合同条款。一些国家虽然注册门槛较低，但准备工作烦琐，审查核准严格。如在俄罗斯、乌克兰、摩尔多瓦等国注册企业需要提供的文件种类繁多，并有一定的文件格式和程序要求，最好聘用当地律师协助办理注册事宜，正确履行相关程序。另外，在蒙古国注册公司手续虽然相对简单，但退出机制烦琐。因此注册公司前，一定要做好项目可行性研究，慎重决策后再启动公司的注册手续；在注册公司时，应带蒙语翻译亲自到国家登记总局办理，对申报材料做到心中有数，事后核实，尽量不要找熟人或中介公司办理，以免引发争议或纠纷。签订商务合同时要详细了解合同条款，严格按照合同办事，避免遭受不必要的损失。

5. 周密核算企业经营成本。一些国家财会法规与中国相关规定差异较大，在投资经营前应充分了解其财务规定，以免遭受损失。一些国家虽然从表面上看税种有限，税率不高，但由于政府部门办事效率较低，办事成本较高，导致企业实际经营成本增加，陷入进退两难的境地。再如俄罗斯、白俄罗斯等国基础性生产资料价格偏高，且不能保证如期交货，极易出现原材料供应不足的问题，因此投资经营前须对当地物价和供应情况进行充分调研，提前做好准备。此外，一些设备、技术标准转化的工作不仅需要时间，也会带来成本的增加。开展属地化经营还要全面估量雇工成本。如在摩尔多瓦雇用当地人员除基本工资外，企业还要为职工缴纳医疗保险（工资的3%）和社会保险（工资的24%）。雇佣关系确定后，企业不能随意解雇员工。除法定工作时间外，当地员工加班须按照法律支付较高的加班费。

6. 有效雇用当地劳动力，开展本地化经营，切实履行企业社会责任。如俄罗斯有相关法律以配额方式限制外籍劳务，且配额逐年递减。俄罗斯本地工资和税赋水平因地区及行业而异，投资者必须遵守俄罗斯各项法律规定，选择自己需要的当地劳务，有效配置劳动力资源，提高劳动生产率。阿塞拜疆移民政策收紧后，严格限制外籍劳工进入，一部分华人在办理赴阿签证和工作准证时遇到困难，因此在阿投资应采用属地化经营管理，以雇用当地员工为主。亚美尼亚政府计划制定采矿业发展长期战略，中国企业前往亚美尼亚开展投资合作应更多关注社会责任和环境因素。

【典型案例5】

因对蒙古国复杂的政治、经济和社会环境缺乏了解，中铁资源旗下的新鑫公司乌兰矿——蒙古国最大铅锌矿，自2011年10月起被该国政府有关部门以环保等理由封矿，并提起民事诉讼，进行刑事调查。面对停产挫折，中铁资源不断总结经验教训，积极适应蒙古国的投资环境，2014年，借助习总书记访问蒙古国的良好政治时机，在驻蒙大使馆的指导和帮助下，主动加强与当地政府相关部门的沟通联系，熟悉矿业相关政策法规，消除偏见，取得对方理解和支持。最终使得乌兰矿刑事调查得到撤销，矿权得以恢复。

此外，中铁资源还努力营造企业和谐发展的社会舆论环境。近年来，该公司多次对驻地附近遭受草原火灾的地区及牧民提供救助慰问，向学校提供捐赠，援建当地道路桥涵等，赢得了当地社会和民众的广泛赞誉。中铁资源通过蒙古国主流媒体深入报道公司履行社会责任的义举，在蒙古国政府部门及牧民中引起了较大反响，有力塑造了企业良好的社会形象，转变了"掠夺资源"等误导。不仅如此，该公司还利用那达慕、中秋、国庆、元旦等节日，组织中蒙员工参加"乌兰之春文体活动周"和"那达慕"等主题活动，增进中蒙员工友谊；定期组织双方员工参加中文、蒙文培训，增进双方文化融合，形成了和谐发展的良好局面。

图7-1　中铁资源新鑫公司救助慰问蒙古东方省达西县、巴音东县

7. 如果投资或者工程承包的周期较长，还应充分考虑汇率风险，并有一定的外汇储备。近几年，因国际市场石油等能源价格暴跌及西方因乌克兰问题对俄罗斯实行制裁，俄罗斯卢布大幅贬值，俄罗斯银行持有的欧元、美元等外汇出现短缺，部分欧美银行暂停对俄罗斯银行进行外汇同业拆借，或对俄罗斯银行融资规定限额。这给众多中国企业和华人造成重大损失。再如2015年以来，阿塞拜疆经济下行压力增大，外汇市场较为动荡，银行资产和实力大幅萎缩，对中国企业资金的保障能力减弱。

8. 妥善应对西方产品技术竞争压力，全面提升企业软硬实力，积极开拓国际市场。尽管近些年来，中国产品的质量提升较快，技术水平也突飞猛进，但独联体等国因与西方国家合作起步较早，非常认可西方的设备和技术，消费习惯也倾向欧洲化，对产品质量和技术标准要求较高，拥有与中国不同的标准和认证体系。对此，中国企业更应不断打造自身产品技术优势，站在更高的起点，凭实力逐步掌握国际市场话语权。

9. 根据国情，考虑地区差异。俄罗斯幅员辽阔，东西横跨9个时区，南北气候差异较大。俄罗斯各边疆区、州、自治区、特区对外资企业的税务优惠政策不同。因此，投资方在俄罗斯注册企业或投资项目应充分考虑企业税费、产品生产条件、销售市场、交通运输、人文、气候和民族风俗等各种因素。

三　人身安全

在蒙古国和欧亚七国中，阿塞拜疆、白俄罗斯、摩尔多瓦、亚美尼亚、格鲁吉亚的社会治安情况总体良好，政局较为稳定，境内没有反政府武装组织，社会犯罪率较低，也极少发生恐怖袭击事件。尽管如此，上述国家也存在一些安全隐患，如阿塞拜疆近年来刁难、敲诈和袭击外国人的事件时有发生，且破案率很低。摩尔多瓦和格鲁吉亚允许公民合法持有枪支。此外，摩尔多瓦夏季多发水灾，应注意防范。

相较而言，俄罗斯、蒙古国和乌克兰境内则存在更多不安定因素。俄罗斯境内存在少数地方分离主义分子、民族极端分子和少量反政府武装，主要活动范围在车臣共和国、鞑靼斯坦共和国境内。此外，图瓦共和国、楚瓦什共和国、北奥塞梯共和国也时有民族极端分子活动。近年来，在俄罗斯曾发生过多起恐怖袭击，如2017年4月3日，圣彼得堡地铁接连发生了两起恐怖袭击事件；同年12月27日晚，圣彼得堡Kondratyevsky大街一家Perekrestok连锁超市店内发生爆炸。在俄罗斯也曾发生多起中国公民被抢案件，如2013年5月，3名中国公民在俄罗斯哈卡西共和国遭歹徒抢劫后杀害；2014年发生多起华商被打被抢等被侵害案件。

蒙古国治安形势基本尚可，但在集贸市场、超市及车站等场所盗窃案时有发生，犯罪率较高。当地法律规定，居民经相关部门批准并备案后可持有枪支。此外，蒙古国人均酒精饮用量较高，因醉酒引发的社会治安问题频发。近年由于蒙古国社会贫富分化愈发严重，且2013年以来经济不景气，年轻人就业形势严峻，引发诸多社会矛盾和问题，也直接影响到社会治安状况。特别值得重视的是近年来赴蒙古国从事商务活动、旅游和学习的外国人数量不断增加，针对外国人的盗窃、抢劫、诈骗活动数量也随之攀升。当地包括"蓝色蒙古""泛蒙古运动"等在内的排华、反华组织经常进行针对中国公民和中资企业的盗窃和抢劫活动。

乌克兰自2013年末政局动荡以来，社会治安有所恶化，基辅市大型商场和地铁站偶有虚假爆炸信息，且有政治谋杀案件发生，基辅市、敖德萨曾有小规模爆炸事件。2017年乌克兰罪案率大幅降低，发生犯罪案件21.5万起，比上年减少3.6万起。在乌克兰偶有中国公民遭盗窃、抢劫、绑架案件，经使领馆积极交涉，大部分事件得到妥善处理。

因此，拟赴上述国家的中国公民要实时掌握当地社会治安动态，增强自我保护意识，切实注意个人人身和财产安全。尽量避免单独外出，妥善保管贵重物品，以免招致盗抢。夜晚外出更应提高警惕，采取必要的防范和自我保护措施。如遇到意外情况，应及时拨打当地报警电话。如需协助，可及时与中国驻所在国使馆领事部联系寻求帮助。

四　财产安全

随着中国"一带一路"倡议的提出，中国与蒙古国和欧亚七国的经贸往来变得日益密切，越来越多的中国人员赴上述八国开展经济活动。在各类经济活动中，或多或少潜藏着一定风险，需谨慎对待。如阿塞拜疆政府对金融管制严格，中国企业从阿塞拜疆汇出货款或工程款时，也受到多方面限制。2015年阿塞拜疆本币（马纳特）经历两轮大幅贬值，并从2015年12月21日起实行浮动汇率制。因此，中国企业赴阿塞拜疆开展经营活动应充分考虑汇率变动、利润汇出等金融风险，做好风险防范。

此外，一些拟赴蒙古国和欧亚七国务工的人员盲目听从老乡、朋友或非法中介的不实宣传或口头承诺，在未办理合法务工手续前进入他国境内，之后发现工资待遇、工作和生活环境等与对方承诺严重不符，不仅损失了一定中介费，而且沦为非法劳工，极有可能在异国他乡陷入身无分文的窘境，造成精神及财产的双重损失。还有不少人员持旅游、商务等类型签证非法务工，或因签证过期等问题被法院判处罚款并遣送出境，使自身蒙受经济损失。因此，赴上述八国前要充分了解当地的劳务政策、办理手续，以及国内合法外派劳务的中介公司等相关信息，必要时进行详尽的咨询，赴任前签订正式劳务合同，充分了解当地工作要求、条件、待遇等相关情况，办理合法工作签证，以规避风险，保障自身的合法权益。

在蒙古国和欧亚七国开展经贸活动还应注意遵守当地的法律法规，避免因从事非法活动遭受经济损失。如2013年以来，俄罗斯加大力度整顿和规范市场秩序。俄罗斯总统普京明确表示将在俄白哈关税同盟境内大力打击"灰色清关"，严打假冒伪劣和走私。7月19日，俄罗斯内务部莫斯科内务总局以涉嫌仿冒国际名牌商品为由，查封某中国企业在莫斯科市库房存放的4.7万箱货物。

　　拟赴蒙古国和欧亚七国开展经贸活动的中国企业及个人应提高安全意识，加强安全防范措施，在居住和工作场所安装监控设备。企业应建立必要的安全工作机构和应急处置机制，制订安全防范措施和应急预案，做到机制完善、职责明确、措施到位，对所有成员进行风险应对教育，制定简便易行的应对方法，明确应急反应组织机构、人员及其作用。妥善保管贵重物品，尽量不要随身携带大额现金外出，最好结伴而行，以免招致盗抢，造成财产损失。

第八章

紧急情况解决方案

一　突发治安事件

　　蒙古国和欧亚七国总体治安良好，但在个别国家仍存在一定安全风险，如乌克兰法制建设有待完善，市场经济秩序需进一步规范，社会治安情况也尚须整顿。俄罗斯境内存在少数地方分离主义分子、民族极端分子和少量反政府武装，主要活动范围在车臣共和国、鞑靼斯坦共和国境内。同时，图瓦共和国、楚瓦什共和国、北奥塞梯共和国也时有民族极端分子活动。近年来，在莫斯科及少数民族聚居地区曾发生过恐怖袭击。2012年5月3日，北高加索达吉斯坦共和国首府马哈奇卡拉发生两起汽车炸弹爆炸事件，造成13人死亡，122人受伤。2013年12月29日，俄罗斯伏尔加格勒市火车站发生爆炸，30日该市又发生电车爆炸，共造成34人死亡，105人受伤。中资企业在境外遇到突发治安事件，应及时启动应急预案，寻求当地政府帮助，取得驻在国使（领）馆保护。

1. 寻求当地政府帮助

　　遇有突发自然灾害或人为事件发生，应及时启动应急预案，争取将损失控制在最小范围。遇有火灾和人员受伤，应及时拨打当地火警和救护电话，并立即上报中国驻当地大使馆和企业在国内的总部。如发生被歹徒殴打、抢劫或物品被盗时，应就近向当地警方报案并将有关情况通报中国驻当地使（领）馆；如遇警察无端收费，应记住其警号、证件号码或车牌号码，以便向当地相关机关投诉并将情况通报中国驻当地使（领）馆。如遇车祸或其他意外人身伤亡，应立即向当地警方报案，中国驻当地使（领）馆将根据报案或当地政府通报，对死者身份进行确认。如确系中国公民，使馆将及时通知死者家属赴驻在国处理善后事宜，届时使（领）馆将提供必要的领事协助。如在境外失踪，知情者或家属应立即向当地警方报案并将失踪者的有关情况通报中国驻当地使（领）馆，使（领）馆将敦促驻在国有关部门寻找失踪者。

2. 取得中国驻当地使（领）馆的保护

（1）领事保护。中国驻所在国使（领）馆可以对中国公民、法人提供的帮助包括：提供国际旅行安全方面的信息，协助聘请律师和翻译，探视被羁押人员，协助撤离危险地区，协助寻找在当地的亲人朋友或通知国内亲属，为合法居留的中国公民颁发、换发、补发旅行证件及对旅行证件上的相关资料办理加注，为遗失旅行证件或无证件的中国公民签发旅行证或回国证明，办理文件公证、认证等。中国公民在海外遇到紧急情况，可拨打中国外交部全球领事保护与服务应急24小时热线：12308。同时，也可向中国驻当地大使馆领事部寻求领事保护与服务。

（2）经商参处职能。中国驻所在国使馆经商参处负责贯彻执行中国对外经济贸易的方针政策和发展战略，组织、协调、管理中国企业在当地的各项经贸活动，促进双边经贸合作。中国企业进入当地市场前，应征求中国驻当地使馆经商参处意见，在按规定履行国内外投资合作报批手续后，及时到经商参处报到备案。日常生产经营过程中与经商参处保持联系。发生重大事故或遇重大问题时，应在第一时间向使（领）馆报告，处理问题时要服从使（领）馆的领导和协调。

二　安全生产事故

为维护中国公民的生命财产安全和国家利益，保障"走出去"战略顺利实施，促进对外经济合作的发展，各企业应加强风险防范意识，落实预防为主、防范处置并重的要求，及时果断处置突发事件，避免或最大限度地减少中国公民生命财产损失，维护国家利益。应根据各自实际情况，建立安全工作机构和应急处置机制，制订安全防范措施和应急预案，做到机制完善、职责明确、措施到位，对所有成员进行应对风险教育，制定简便易行的应对方法，明确应急反应组织机构、人员及其作用；明确应急反应总负责人，以及每一具体行动的负责人；列出能提供援助的有关机构及联系方式等，明确各自职责，使其面对风险时知道如何逃生、救护、求援、报警、处置、汇报，并加强督促检查，确保各项安全保护工作得到充分落实。

1. 建立应急预案

中国企业到蒙古国和欧亚七国开展投资合作或其他经贸活动，要根据企业自身项目、合作方式及所在行业和地区的特点，客观、谨慎地评估潜在风险，有针对性地建立企业内部的紧急情况预警机制，制定应对预案，并且落实到人，确保一旦需要即可启动。对员工进行常年、定期的安全教育，强化安全意识；设专人负责安全生产和日常的安全保卫工作；投入必要的经费购置安全设备并定期检查、更新安全设施和设备；有条件的企业可还聘请当地正规的保安力量，给员工购买保险等。

2. 采取应急措施

遇有火灾和人员受伤等生产事故发生，在及时启动应急风险机制的同时，应及时拨打当地火警和救护电话；之后立即上报中国驻当地使领馆和企业在国内的总部，及时沟通以得到帮助，采取一切可能措施力争将损失控制在最小范围。

3. 形成联动机制

在海外开展投资、工程承包和商贸经营的中资企业，应与中国驻当地使馆、领馆建立常态化联系，保持紧急沟通渠道畅通。平时注意接收使领馆发布的安全提示，一旦发生突发事件，应第一时间联系使领馆，维护自身合法权益。

三 其他状况

中资企业在境外遭遇经济纠纷、人身安全等突发状况时，可通过法律途径解决问题；通过与驻在国大使馆建立安全联络员机制，保持实时沟通交流，以便第一时间寻求帮助；参与当地中资企业商会分享处理突发状况的经验；与当地政府甚至有影响力的宗教组织建立良好关系，争取其为中国企业、机构与人员安全保护工作提供更多帮助。

1. 寻求法律保护

中国企业在与蒙古国和欧亚七国的合作和往来中，可能会遇到各种各样的困难，须依法注册，依法经营，同时也要学会通过法律途径解决纠纷，捍卫自己的合法权益。可考虑聘请当地律师协助处理有关法律事务。如身处与中国法律体系和语言差异较大的国家，建议与对方商签各类合同文本时，采用中方熟悉的语言（如英语），并在合同中明确仲裁须遵循英、法等中方律师熟悉的第三国法律，以便在纠纷发生时，最大限度维护中资企业和人员的合法权益。遇到经济纠纷等案件，如通过协商仍无法解决，应请律师出面，寻求法律途径解决问题，维护合法权益。

（1）预防为主。中国企业在开展商务和投资业务过程中，应在前期准备、谈判以及后期执行中，严格按照当地法律和相关的国际法律进行评估和审查，随时防范可能出现的法律漏洞。如针对中国与俄罗斯在能源和矿产资源项目上的投资合作，要注意考虑到以下要素：对方企业的矿产所有权、诉讼、债权、经营许可等情况，要在俄罗斯政府相应主管部门确认其提供的法律文本的有效期，并将这些因素综合起来进行项目评估。与俄方签订经济合同时要尽量坚持选择依据中国法律解决贸易纠纷，一旦合作中出现矛盾或经济纠纷，争取依照中方熟悉的法律行事，使自己处于主动地位。

（2）依法用法。解决商务纠纷主要有两种方式：一是诉讼，二是仲裁。前者是通过法院解决，后者是通过双方约定的仲裁机构解决。作为解决国际经济纠纷的主要方式，仲裁要比诉讼具有更多的优越性，更容易得到执行。

（3）聘请律师。当地和一些西方国家的律师事务所一般在当地均设有服务网点，个别律师事务所还可提供中文业务服务，一旦涉及经济纠纷，可以聘请律师通过法律途径维护自身利益。

此外，部分国家的工商会及其下设的分支机构可为外国企业提供法律咨询服务，并下设有国际仲裁法庭、商业仲裁法庭。中国在海外经营企业可以会员身份加入当地中国总商会，利用总商会的资源和渠道解决遇到的实际困难。

2. 建立安全联络员制度

2012年3月，为贯彻落实商务部、外交部、住房和城乡建设部、国资委和国家安全监管总局关于做好境外企业和人员安全管理工作的指示精神，指导对俄罗斯投资合作企业加强境外安全风险防范，保障驻俄罗斯中资机构的正常经营和人员的生命财产安全，根据商务部等有关部门印发的《境外中资机构和人员安全管理规定》和《对外投资合作风险预警和信息通报制度》，结合驻俄罗斯中资机构在俄安全形势实际情况，中国驻俄罗斯使馆经商参处发布《驻俄罗斯中资机构和人员安全管理办法（试行）》。中国驻俄罗斯使馆经商参处和驻俄罗斯中资机构建立安全联络员制度，各企业指定一名安全负责人和一名安全信息联络员，专职负责在俄罗斯的安全工作。驻俄罗斯中资机构负责人是境外安全的第一责任人。安全负责人和安全信息联络员应保持24小时通讯畅通。如遇突发安全事件，驻俄罗斯中资机构应立即向当地警方报警，同时向中国驻俄罗斯使馆经商参处、领事部、俄罗斯中国总商会报告。

3. 寻求当地中资企业商会的帮助

2012年，格鲁吉亚主要中资企业成立"格鲁吉亚中资企业商会"，旨在为当地中资企业提供帮助。此外，在格鲁吉亚已注册成立了"浙江同乡会"及"福建同乡会"，主要为浙江、福建籍的同乡提供帮助和服务。中国企业可视情况加入格鲁吉亚当地的相关行业协会或商会，如"国际商会（格鲁吉亚）""格鲁吉亚工商会""格鲁吉亚雇主协会"和"格鲁吉亚欧洲商会"等，遇到困难时可向这些机构寻求帮助。

4. 其他渠道

对于一些受宗教影响较大的国家，遇到紧急问题可寻求当地宗教重要人物的帮助。如格鲁吉亚是传统的东正教国家，东正教对社会影响较大，东正教重要人物在解决某些特殊问题时能起到一定的促进作用。如遇有语言不通等特殊情况时，首先与本公司负责人或懂外语的同事取得联系，请其出面协助处理，如一时联系不上，需保持冷静，尽量用简要的英语（或俄语）表明身份和意图。也可向中国驻当地大使馆领事部求助，领事部可推荐翻译及律师。注意做好驻在国军队、内务、警察等部门的工作，争取其为中国企业、机构与人员安全保护工作提供更多帮助。与境外中国企业、机构及援建、承包、劳务企业加强联系，保持信息畅通。给所有成员配备部分熟练掌握当地语言人员名单及联系方式，以备语言不通时求助。

第九章

与东道国建立和谐关系

一 处理好与政府和议会的关系

1. 关注大选和政策变动

中国企业要关心所在国各级政府换届和议会选举，关心当地政府最新经济政策走向，及时调整投资方向，切实维护企业利益。

2. 与所在国各级政府保持紧密联系

中国企业到当地投资经营，应深入了解和掌握所在国政府部门和地方政府的相关职责，与所在国各级政府保持紧密联系，尤其是对当地经济、产业和就业事务有影响力的官员保持沟通和良好的工作关系，宣传企业为当地经济社会所做的贡献，适时反映困难，请求当地政府协助解决。

当企业遇重要节日或举行项目开工、竣工典礼等重要活动时，可邀请当地政府官员出席，并邀请当地媒体广泛参与。此举一方面对项目本身起到重要宣传作用，也可从一定程度上取得当地政府的支持。

二 妥善处理与工会的关系

工会在许多国家具有一定的影响力，妥善处理与工会的关系，是企业应对劳资摩擦、控制工薪成本、维护正常经营的关键。因此，中国企业应全面了解所在国的劳动（工）法和工会法，依法与当地雇员签订劳动合同，按时足额发放工资及补贴，按规定为员工缴纳养老金、社会保障基金等。如根据乌克兰《劳动法》，企业除与劳动者签订劳动合同外，还应与工会签订集体合同。

企业投入运营后可依法建立自己的工会组织，通过工会及时与雇员沟通，了解雇员的诉求和思想动态，避免问题扩大化。积极加入中资企业商会和下属行业分会，以便与商会及时沟通劳工问题，寻求合法有效的解决途径。尽量吸纳当地工会成员参与企业管理，发挥其积极的带动作用。积极参加本行业的雇主委员会，便于了解业内管理的常规做法和工资待遇水平等。

三　密切与当地居民的关系

中国与蒙古国和欧亚七国在宗教信仰、语言文化、风俗习惯等方面存在诸多差异。这些差异使得中国企业在东道国开展投资合作时，不可避免会产生摩擦、误解。中国企业应在求同存异的原则下，做到文明礼貌、不卑不亢、举止得体、落落大方。具体表现为：

1. 尊重东道国的风俗习惯和文化禁忌。如在伊斯兰国家的斋月期间，白天避免在公众场所吃喝。在与蒙古国人喝酒时不要强行劝酒，以个人随意为佳；向蒙古国人敬烟时不要随意扔给对方，这是严重的不礼貌行为。在与当地居民交往时避免谈论收入、个人情感等敏感话题。

2. 履行社会责任。注意保护环境，为当地居民创造就业机会，为东道国经济和社会发展做出贡献。

3. 积极参与东道国社区活动，热衷当地公益事业，融入当地社会，树立中国企业的良好形象，拉近企业与当地居民的距离。

【典型案例6】

中油国际（阿塞拜疆）公司注重密切与当地居民的关系，每逢新年、诺乌鲁兹节、古尔邦节等重要节日，为油田区域的困难家庭发放生活物资，为少年儿童购买礼物，坚持救助困难职工近百人，与当地居民保持了良好关系。

四　尊重当地风俗习惯

各国风俗习惯因宗教信仰和民族文化而不尽相同，在八国中，除蒙古国以喇嘛教为国教、阿塞拜疆主要信奉伊斯兰教（什叶派）外，其他六国以信奉东正教为主，犹太教、佛教等其他宗教并存。中国企业在开展经营活动时要充分了解和尊重当地的宗教文化和礼仪习惯。在与当地居民交往时，切记不要妄议与宗教、政治、历史等有关的敏感话题，尊重当地人民的民族情感。此外，特别要注意一些与中国习惯不尽相同的交往细节，做到入乡随俗不逾矩。如在白俄罗斯，宴会是大家展现演讲艺术的时候，习惯上主客双方都要发表长篇感言，谈论合作前景，为合作、友谊、家庭等祝福，如果只说简单的"干杯""合作愉快"等会被认为是不礼貌的。

五 依法保护生态环境

近年来，各国环保意识不断提高，政府对环保要求日趋严格，中资企业应遵守东道国环保法律法规，实时跟踪当地的环保标准。在项目开展前对生产经营可能产生的污染及环境影响进行评估，并做好应急预案。同时，做好环保预算，根据规划方案选取适当的专业环保企业解决环保问题。

【典型案例7】

中国建材阿塞拜疆分公司在项目施工期间，推行环保施工，以尽可能少的资源消耗和环境占用获得最大的经济效益和社会效益。该公司与垃圾处理公司签订协议，集中堆放工程现场的固体垃圾，并按规定进行运输处理。该公司生产经营活动中所产生的"三废"排放符合阿塞拜疆有关要求，未发生环境污染事故。

六 承担必要的社会责任

中国企业在蒙古国和欧亚七国开展投资合作，不仅要注重自身的经济效益，还需承担必要的社会责任，为当地的社会经济发展做出贡献。

1. 关注经营活动带来的社会问题

重点关注企业经营活动带来的环境、劳工、安全和社会治理等问题，以免引起当地居民的反感和抵制。特别是劳工问题，不仅涉及工薪待遇，还包括工作环境、加班时限等，受到社会广泛关注。

2. 注重安全生产

遵守东道国安全生产的有关制度规定，依据安全生产操作标准开展生产经营活动，关注职业健康，为雇员提供良好的工作环境和工作条件。

3. 积极回馈社会

中国企业在这些国家开展投资合作时，须注意回报社会，做有责任的投资者，按时缴纳税收以及社保费用，促进当地就业。如中水电公司在承建格鲁吉亚科布莱提绕城公路项目时，为当地村庄免费修路，较大地改善了当地交通道路条件，为村民出行提供便利。项目部因此同当地政府和居民相处得十分融洽，广受好评。如逢重要节日，村民还邀请项目部员工到自己家里庆祝。此外，双方时常举行足球友谊赛等活动，以此加深相互了解和友谊。

4. 热心参与公共慈善事业和活动

乐善好施是中国人的美德，也是企业社会责任的重要方面。企业应根据自身能力，力所能及地赞助当地社区建设，扶助弱势群体。如中国电力工程有限公司驻白俄罗斯项目部在白俄罗斯开展合作项目以来，积极履行企业社会责任，热心公益事业。2014年7月11日，中国电力工程有限公司驻白俄罗斯项目部向维捷布斯克市第44中学捐赠教学设施，助力当地教育事业发展，充分体现了中白两国人民之间的友谊。

七 懂得与媒体打交道

当今世界媒体高度发达，拥有巨大的社会影响力，甚至可能影响公共决策。中资企业在东道国开展投资经营活动，应该学会与媒体打交道。

1. 注重信息披露

企业应建立正常的信息披露制度，有条件的可设新闻发言人和公共关系部，通过新闻发布会等形式定期向主流媒体发布相关信息。

2. 加强正面宣传

企业在涉及社会敏感信息时，特别是遭遇不公正舆论压力时，应加强正面宣传和引导，事先做好预案，主动通过主流媒体与大众交流。必要时还可通过公关咨询公司向媒体散发主导性消息，积极引导当地媒体进行对企业有利的宣传。

3. 尊重和信任媒体

中国企业可采取向媒体开放的形式，主动邀请媒体到企业参观采访，了解企业的真实发展情况，对中国企业进行宣传和监督。如媒体主动提出采访的，企业应热情欢迎，并本着平等、信任、尊重和真诚的态度面对记者，与媒体形成良性互动的和谐关系。

八 学会和执法人员打交道

配合东道国警察、工商、税务、海关、劳动及其他执法部门执行公务是中国企业人员的义务。在接触中，为确保中方人员利益，建议中资企业及人员做到以下几个方面：

1. 进行普法教育

中资企业要建立健全依法经营的管理制度，聘请律师对员工进行普法教育，让员工了解在当地工作生活必备的法律常识和应对措施，做到知法守法，合理应对。

2. 随身携带有效证件

中方人员出门要随身携带护照等有效身份证件。营业执照、纳税清单等重要文件资料要妥善保管。

3. 主动配合证件检查

遇到执法人员检查身份证件，中方人员要礼貌地出示自己的证件，回答警察的问题；如果没有携带证件也不要惧怕，不要躲避，更不要逃跑，而要说明身份，并打电话请公司派人说明情况。

4. 及时通报中国驻所在国大使馆

遇到执法人员搜查公司或住所，应要求其出示证件和搜查证明，并要求与中国企业律师取得联系，同时报告中国驻当地使馆。遇有证件或财物被执法人员没收的情况发生，应要求执法人员保护中国企业的商业秘密；出具没收证件或财物的清单作为证据，并记下执法人员的警号和车号；交罚款时须向警察索要罚款单据。

5. 寻求合法途径捍卫正当权益

遇有执法人员对中国人员或企业持不公正待遇，中资企业人员不要与执法者正面冲突，更不能触犯法律，可向中国驻当地使馆反映或通过律师进行处理，捍卫自己的合法权益。

九　弘扬中国传统文化

中国传统文化是世界优秀文化宝库中的瑰宝，"一带一路"倡议的实践也是一场异国文化交流之旅。走出去企业要注意加强两国人员交流，妥善处理与东道国关系，以进一步增进两国人民的了解，促进民心相通，增强政治互信，推动务实合作。如诚通国际所属在俄全资子公司"友谊商城"安装了十余部显示屏，全天候播放有关中国政治、经济及文化生活的新闻节目，以此增进当地人民对中国的了解。

附录1

蒙古国和欧亚七国主要政府部门和相关机构信息

1. 俄罗斯

（1）工业和贸易部：minpromtorg.gov.ru

（2）经济发展部：www.economy.gov.ru

（3）财政部：www.minfin.ru

（4）能源部：minenergo.com

（5）远东发展部：minvostokrazvitia.ru

（6）农业部：www.mcx.ru

（7）交通部：www.mintrans.ru

（8）教育部（暂无网站）

（9）科学和高等教育部（暂无网站）

（10）卫生部：www.minzdravsoc.ru

（11）文化部：www.mkmk.ru

（12）自然资源与生态部：www.mnr.gov.ru

（13）数字发展、通信和大众传媒部：www.minsvyaz.ru

（14）外交部：www.mid.ru

（15）内务部：www.mvd.ru

（16）国防部：www.mil.ru

（17）紧急情况部：www.mchs.gov.ru

（18）司法部：www.minjust.ru

（19）体育部：www.minstm.gov.ru

（20）海关署：www.customs.ru

（21）反垄断署：www.fas.gov.ru

（22）金融市场管理署：www.ffms.ru

（23）欧亚经济委员会：www.eurasiancommission.org

2. 蒙古国

（1）蒙古国总统府：www.president.mn

（2）蒙古国议会：www.parliament.mn

（3）蒙古国政府：zasag.mn

（4）蒙古国政府办公厅：cabinet.gov.mn

（5）对外关系部：www.mfa.gov.mn

（6）财政部：www.mof.gov.mn

（7）自然环境与旅游部：www.mne.mn

（8）矿业与重工业部：www.mm.gov.mn

（9）能源部：energy.gov.mn

（10）交通运输发展部：www.mrt.gov.mn

（11）食品农牧业与轻工业部：www.mofa.gov.mn/new

（12）劳动与社会保障部：www.khun.gov.mn

（13）建筑与城市建设部：www.mcud.gov.mn

（14）法律内务部：www.moj.gov.mn

（15）国防部：www.mod.gov.mn

（16）卫生部：www.mohs.mn

（17）教育文化科学与体育部：www.meds.gov.mn

（18）情报总局：www.gia.gov.mn

（19）警察总局：www.police.gov.mn

（20）紧急状况总局：www.nema.gov.mn

（21）国有资产委员会：www.spc.gov.mn

（22）投资局：www.investmongolia.com

（23）知识产权与国家登记总局：www.burtgel.gov.mn

（24）税务总局：www.mta.mn

（25）海关总局：www.ecustoms.mn

（26）技术监督总局：www.inspection.gov.mn

（27）矿产局：www.mram.gov.mn

（28）石油局：www.pam.gov.mn

（29）民航总局：www.mcaa.gov.mn

（30）移民局：www.immigration.gov.mn

（31）边防总局：www.bpo.gov.mn

（32）武装部队总参谋部：www.gsmaf.gov.mn

（33）法院判决执行总局：www.cd.gov.mn

（34）司法研究所：www.nifs.gov.mn

（35）信息技术通信局：www.itpta.gov.mn

（36）家庭与儿童青少年发展局：www.nac.gov.mn

（37）兽医和繁育局：www.dvab.gov.mn

（38）卫生与社会保险总局：www.ndaatgal.mn

（39）劳动与护理服务总局：www.halamj.gov.mn

（40）公平竞争和消费者权益局：www.afccp.gov.mn

（41）标准化与计量局：www.masm.gov.mn

（42）气候与环境监测局：www.tsag-agaar.gov.mn

（43）土地管理大地测量与制图局：www.gazar.gov.mn

（44）档案总局：www.archives.gov.mn

（45）蒙古银行：www.mongolbank.mn

（46）蒙古国法律法规库：www.legalinfo.mn

（47）乌兰巴托市政府：www.ulaanbaatar.mn

3. 格鲁吉亚

（1）格鲁吉亚总统府：www.president.gov.ge

（2）格鲁吉亚议会：www.parliament.ge

（3）格鲁吉亚最高法院：www.supremecourt.ge

（4）格鲁吉亚政府：www.government.gov.ge

（5）格鲁吉亚外交部：www.mfa.gov.ge

（6）格鲁吉亚国防部：www.mod.gov.ge

（7）格鲁吉亚内务部：www.police.ge

（8）格鲁吉亚财政部：www.mof.ge

（9）格鲁吉亚地区发展与基础设施部：www.mrdi.gov.ge

（10）格鲁吉亚经济与可持续发展部：www.economy.ge

（11）格鲁吉亚环境保护和农业部：www.moe.gov.ge

（12）格鲁吉亚教育、科学、文化和体育部：www.mes.gov.ge

（13）格鲁吉亚司法部：www.justice.gov.ge

（14）格鲁吉亚被占领地区难民事务、劳动、卫生和社会事务部：www.moh.gov.ge

（15）格鲁吉亚国家银行：www.nbg.gov.ge

（16）格鲁吉亚国家投资局：www.investingeorgia.org

（17）格鲁吉亚国有资产管理局：www.nasp.gov.ge

（18）格鲁吉亚国家统计局：www.geostat.ge

（19）格鲁吉亚国家食品局：www.nfa.gov.ge

（20）格鲁吉亚国家知识产权中心：www.sakpatenti.org.ge

（21）格鲁吉亚国家采购局：www.procurement.gov.ge

（22）格鲁吉亚驻中国大使馆：www.china.mfa.gov.ge

4. 阿塞拜疆

（1）总统府：www.president.az

（2）内阁：www.cabmin.gov.az

（3）议会：www.meclis.gov.az

（4）司法部：www.justice.gov.az

（5）内务部：www.mia.gov.az

（6）交通、通信和高科技部：www.mincom.gov.az

（7）经济部：www.economy.gov.az

（8）财政部：www.maliyye.gov.az

（9）税务部：www.taxes.gov.az

（10）外交部：www.mfa.gov.az

（11）生态和自然资源部：www.eco.gov.az

（12）卫生部：www.sehiyye.gov.az、www.health.gov.az

（13）劳动和社会保障部：www.mlspp.gov.az

（14）农业部：www.agro.gov.az

（15）能源部：www.mie.gov.az

（16）国防工业部：www.mdi.gov.az

（17）教育部：www.edu.gov.az

（18）青年和体育部：www.mys.gov.az

（19）文化部：www.mct.gov.az

（20）国家最高法院：supremecourt.gov.az

（21）总检察院：www.genprosecutor.gov.az

（22）国有资产管理委员会：www.stateproperty.gov.az

（23）海外侨民事务委员会：www.diaspora.gov.az

（24）难民事务委员会：www.refugees-idps-committee.gov.az

（25）国家统计委员会：www.azstat.org

（26）国家建筑设计委员会：www.arxkom.gov.az

（27）国家广播电视委员会：www.ntrc.gov.az

（28）国家高校招生委员会：www.tqdk.gov.az

（29）国家标准、计量和专利委员会：www.azstand.gov.az

（30）国家审计署：www.audit.gov.az

（31）国家会计署：www.ach.gov.az

（32）国家石油基金：www.oilfund.az

（33）国家社会保险基金：www.sspf.gov.az

（34）国家石油公司：www.socar.gov.az

（35）总统行政事务服务局：www.csc.gov.az

（36）中央银行：www.cbar.az

5. 白俄罗斯

（1）白俄罗斯总统府：president.gov.by

（2）白俄罗斯政府：www.government.by

（3）经济部：www.economy.gov.by

（4）外交部：www.mfa.gov.by

（5）建筑和建设部：www.mas.gov.by

（6）税务部：www.nalog.gov.by

（7）自然资源和环境保护部：www.minpriroda.gov.by

（8）工业部：www.minprom.gov.by

（9）通信和信息化部：www.mpt.gov.by

（10）农业和食品部：www.mshp.minsk.by

（11）反垄断监管和贸易部：www.mintorg.gov.by

（12）交通运输部：www.mintrans.gov.by

（13）财政部：www.minfin.gov.by

（14）公共健康部：www.minzdrav.gov.by

（15）能源部：www.minenergo.gov.by

（16）国家银行：www.nbrb.by

（17）国有资产委员会：www.gki.gov.by

（18）国家科学技术委员会：www.gknt.gov.by

（19）国家标准化委员会：www.gosstandart.gov.by

（20）国家海关委员会：www.tk.gov.by

（21）国家统计委员会：www.belstat.gov.by

（22）布列斯特州执行委员会：www.brest-region.gov.by

（23）维捷布斯克州执行委员会：www.vitebsk-region.gov.by

（24）戈梅利州执行委员会：www.gomel-region.by

（25）格罗德诺州执行委员会：www.region.grodno.by

（26）明斯克州执行委员会：www.minsk-region.gov.by

（27）明斯克市执行委员会：www.minsk.gov.by

（28）莫吉廖夫州执行委员会：mogilev-region.gov.by

6. 摩尔多瓦

（1）外交和欧洲一体化部：www.mfa.gov.md

（2）经济部：www.mec.gov.md

（3）农业和食品工业部：www.maia.gov.md

（4）交通与公路基础设施部：www.mtgd.gov.md

（5）地区发展与建设部：www.mcdt.gov.md

（6）环境部：www.mediu.gov.md

（7）教育部：www.edu.gov.md

（8）卫生部：www.ms.gov.md

（9）劳动、社会保障和家庭部：www.mpsfc.gov.md

（10）文化部：www.mc.gov.md

（11）司法部：www.justice.gov.md

（12）内务部：www.mai.gov.md

（13）国防部：www.army.gov.md

（14）信息技术与通讯部：www.mdi.gov.md

（15）青年与体育部：www.mts.gov.md

（16）民族事务局：www.bri.gov.md

（17）国家统计局：www.statistica.gov.md

（18）海关总署：www.customs.gov.md

（19）林业署：www.moldsilva.gov.md

（20）物资资源、政府采购和人道援助署：www.tender.gov.md

（21）土地关系署：www.arfc.gov.md

（22）反经济犯罪和贪污中心：www.cccec.gov.md

（23）许可证局：www.licentiere.gov.md

（24）体育运动署：www.sport.gov.md

（25）边防署：www.border.gov.md

（26）农工葡萄酒局：www.aamv.gov.md

7. 乌克兰

（1）农业政策和粮食部

网址：www.minagro.gov.ua

地址：г.Киев, ул. Крещатик, 24

电话：0038-044-2798474

电邮：ankudinova@minapk.gov.ua

（2）地区发展、建设和住房公共事业部

网址：www.minregion.gov.ua

地址：г.Киев, ул. Большая Житомирская, 9

电话：0038-044-2788290、2840554

传真：0038-044-2788390

电邮：minregion@minregion.gov.ua

（3）内务部

网址：www.mvs.gov.ua

地址：г.Киев, ул. Академика Богомольца, 10

电话：0038-044-2560333

传真：0038-044-2561633

电邮：mvsinfo@mvsinfo.gov.ua

（4）能源和煤炭工业部

网址：mpe.kmu.gov.ua

地址：г.Киев, ул.Крещатик, 30

电话：0038-044-2063844、2394330

电邮：kanc@mev.energy.gov.ua

（5）经济发展和贸易部

网址：www.me.gov.ua

地址：г.Киев, ул. Грушевского, 12/2

电话：0038-044-2539394

传真：0038-044-2263181

电邮：meconomy@me.gov.ua

（6）外交部

网址：www.mfa.gov.ua

地址：г.Киев, ул. Большая Житомирская, 2

电话：0038-044-2381777

传真：0038-044-2722212

电邮：zsmfa@mfa.gov.ua

（7）教育和科学部

网址：www.mon.gov.ua

地址：г.Киев, просп. Победы, 10

电话：0038-044-2262661、4862442

传真：0038-044-2361049

电邮：ministry@mon.gov.ua

（8）卫生部

网址：www.moz.gov.ua

地址：г.Киев, ул. Грушевского, 7

电话：0038-044-2262205

传真：0038-044-2262205

电邮：moz@moz.gov.ua

（9）生态和自然资源部

网址：www.menr.gov.ua

地址：г.Киев, ул. Урицкого, 35

电话：0038-044-2063302

电邮：mepu@menr.gov.ua

（10）社会政策部

网址：www.mlsp.gov.ua

地址：г.Киев, ул. Эспланадная, 8/10

电话：0038-044-2896689

传真：0038-044-2890098

电邮：info@mlsp.gov.ua

（11）基础设施部

网址：mtu.gov.ua

地址：г.Киев, просп. Победы, 14

电话：0038-044-3514920

传真：0038-044-3514845

电邮：portal@mtu.gov.ua、press@mtu.gov.ua

（12）信息政策部

网址：www.mip.gov.ua

地址：г.Киев, ул. Петлюры, 15, 6 этаж

电话：0038-044-2567301

电邮：info@mip.gov.ua

（13）财政部

网址：www.minfin.gov.ua

地址：г.Киев, ул. Грушевского, 12/2

电话：0038-044-206577

电邮：infomf@minfin.gov.ua

（14）司法部

网址：www.minjust.gov.ua

地址：г.Киев, ул.Городецкого,13

电话：0038-044-2783723、2711783

电邮：themis@minjust.gov.ua

（15）国家财税署

网址：www. sfs .gov.ua

地址：04655, м. Киев-53, Львовская пл, 8

电话：0038-044-2725159、2726334、2720841

电邮：kabmin_doc@sfs.gov.ua、gromada@sfs.gov.ua

（16）文化部

网址：mincult.kmu.gov.ua

电话/传真：0038-044-2262645、2352180、2352378

电邮：info@mincult.gov.ua

（17）青年与体育部

网址：dsmsu.gov.ua

地址：г. Киев, ул. Эспланадная, 42

电话：0038-044-2891264

（18）乌克兰国家银行

网址：www.bank.gov.ua

地址：г.Киев, ул. Институтская, 9

电话：0038-044-2530180

传真：0038-044-2302033、2537750

（19）乌克兰工商会

网址：www.ucci.org.ua

地址：ул.Большая Житомирская, 33

电话：0038-044-2722911

传真：0038-044-2723353

电邮：ucci@ucci.org.ua

（20）乌克兰中国商会

网址：www.cca.com.ua

地址：str Sretenskaya 10, Kyiv

电话：0038-073-1540772

（21）国家教育监督署

网址：www.dinz.gov.ua/index.php/uk-ua

地址：Isaakyan 18, Kyiv

电话：0038-044-2363311

电邮：dinzu@dinz.gov.ua

（22）国家调查局

网址：www. nacburo.org

电邮：nacburo@gmail.com、infor@cca.com.ua

8. 亚美尼亚

（1）国际经济一体化改革部

电话：00374-10-515702

网址：www.mieir.am

（2）国土管理与发展部

电话：00374-10-511302

电邮：mta@mta.gov.am

网址：www.mta.gov.am

（3）紧急情况部

电话：00374-10-362015

电邮：mes@mes.am

网址：www.mes.am

（4）侨民部

电话：00374-10-585601、585602

电邮：ministry@mindiaspora.am

网址：www.mindiaspora.am

（5）卫生部

电话：00374-10-582413

电邮：info@moh.am

网址：www.moh.am

（6）外交部

电话：00374-60-620000

电邮：info@mfa.am

网址：www.mfa.am

（7）文化部

电话：00374-10-529349

电邮：info@mincult.am

网址：www.mincult.am

（8）国防部

电话：00374-10-294430

电邮：modpress@mil.am

网址：www.mil.am

（9）教育与科学部

电话：00374-10-527343

电邮：info@edu.am

网址：www.edu.am

（10）环境保护部

电话：00374-10-521099

电邮：interdpt@mnp.am

网址：www.mnp.am

（11）农业部

电话：00374-10-524641

电邮：agro@minagro.am

网址：www.minagro.am

（12）体育与青年事务部

电话：00374-10-528601

电邮：msy@msy.am

网址：www.msy.am

（13）交通通信与信息技术部

电话：00374-10-590001

电邮：mtc@mtc.am

网址：www.mtc.am

（14）劳动与社会事务部

电话：00374-10-526831

电邮：hasmik.khachatryan@mss.am

网址：www.mss.am

（15）财政部

电话：00374-60-700304

电邮：press@minfin.am

网址：www.minfin.am

（16）经济发展与投资部

电话：00374-10-526134

电邮：secretariat@mineconomy.am

网址：www.mineconomy.am

（17）能源基础设施与自然资源部

电话：00374-10-521964

电邮：minenergy@minenergy.am

网址：www.minenergy.am

（18）司法部

电话：00374-10-380389

电邮：info@moj.am

网址：www.moj.am

（19）中央银行

电话：00374-10-583841、523852（传真）

电邮：mcba@cba.am

网址：www.cba.am

（20）民航总局

电话：00374-10-593003

电邮：gdca@aviation.am

网址：www.aviation.am

（21）国家城市发展委员会

电话：00374-11-621701

电邮：info@minurban.am

网址：www.minurban.am/am/

（22）国家收入委员会

电话：00374-60-544444

电邮：secretariat@customs.am

网址：www.customs.am/default.aspx

附录2

部分国家中资企业商会和
主要中资企业一览表

1. 俄罗斯

俄罗斯中国总商会基本情况：

俄罗斯中国总商会成立于2006年4月15日，俄文名称为"Союз Китайских Предринимателей в России"（简称"СКП"）。现任会长单位为欧洲商业开发投资管理中心，目前有会员企业四千余家（包括个人商户）。

俄罗斯中国总商会的宗旨和任务是加强全俄中资企业间的交流与合作，为会员提供各类政策信息、业务咨询和法律服务，加强中资企业与俄罗斯政府部门及商界的沟通，反映会员的愿望和要求，维护会员的合法权益，推动中俄经贸关系发展。

总商会成立后与联邦有关部门和莫斯科市政府建立了稳定的联系，为更好地保护会员的合法权益奠定了最重要的基础。

总商会以沟通、联络、信息咨询、救急助困为服务宗旨，实行对内信息资源共享，加强企业间沟通，对外扩大中资企业影响的策略，使广大会员更好地融入俄罗斯社会经济生活，求生存，求发展。

商会地址：莫斯科市新村街4号（Улица Новослободская, дом 4）

联系人：宾欣

电话：007-499-9730227

传真：007-499-9735228

2. 蒙古国

序号	公司名称	联系人	手机	业务
1	蒙古国中华总商会	古尔班	99118669	咨询服务
2	中国石油大庆塔木察格有限公司	王勇	99115809	石油开采
3	中有色鑫都矿业有限公司	王守高	99998679	锌矿开采
4	中核二二建蒙古分公司	高明	88803368	建筑、能源
5	中国银行乌兰巴托代表处	代兴军	95566258	金融
6	中国国际航空公司	阿木古楞	99114638	航空客运
7	中铁四局集团有限公司	王海涛	94969999	建筑
8	中联水泥蒙欣巴音嘎拉有限公司	白东志	95711111	水泥生产
9	华为技术有限公司	王山月	88116680	通信设备
10	ZTE（中兴通讯）蒙古代表处	图力古尔	98108866	通信设备
11	山金矿业有限责任公司	刘文可	99813917	铁锌矿
12	中有色蒙古代表处	巴特尔	99991286	有色金属
13	上海建工集团	张岳	94318808	建筑
14	新疆北新路桥建设股份有限公司	王志栋	95233911	建筑
15	北京建工集团蒙古分公司	李鹏	95380058	建筑
16	北京住总集团	刘剑琛	95117766	建筑
17	蒙古正元有限责任公司	李德亮	99065186	矿业勘探
18	中铁资源乌兰铅锌矿	呼和	99078909	矿业开发
19	蒙古烟草有限责任公司	田虎明	99088682	卷烟生产
20	中铁蒙古有限责任公司CRMI	杨晓琪	88099333	矿产开发
21	东胜石油蒙古有限公司	孙怀福	99115118	石油开采
22	中国水电建设集团国际工程有限公司	郑家国	99682518	建筑
23	蒙古国东苑矿业有限公司	张庆余	99117266	生物、矿业
24	大庆石油国际工程公司蒙古公司	闫增勇	99993357	石油，天然气
25	中国机械设备工程有限公司（CMEC）	陈向东	99537698	建筑
26	哈尔滨电气集团公司	彭涛	88132196	电力
27	中铁一局集团有限公司	王康	88706666	建筑
28	中铁二十局集团有限公司	黄勤劳	95243728	建筑
29	中铁二十一局集团有限公司	苏涛	95261861	建筑
30	中工国际工程股份有限公司	周同锦	95022563	建筑、机械

续表

序号	公司名称	联系人	手机	业务
31	葛洲坝国际工程有限公司	于铁牛	95551668	建筑
32	雷沃重工股份有限公司	刘静	88133785	农机
33	湖南工业设备安装有限公司	彭湃	80123960	工业设备安装
34	龙建路桥股份有限公司	张永军	95833333	建筑
35	龙铭矿业	巴雅尔	99371361/99991361	矿业
36	广州万安建设监理有限公司	肖巩	95886329	监理
37	中交建集团	刘西秦	99596815	建筑
38	中电建海外投资公司	李勇	89705686	电力
39	新疆路桥	刘学刚	99687006	建筑
40	新疆油田建设公司	杨勇	99527260	石油
41	中国龙美食城	席刚	99119738	餐饮服务
42	蒙电线有限责任公司	马广军	99193154	电缆线
43	内蒙古巴彦淖尔大业公司	赵巨荣	99114969	建筑房地产及矿产
44	蒙古秋林有限责任公司	李争云	99118689	羊绒及运输
45	恒立威有限责任公司	王玉银	99117958	矿山用品、贸易
46	鼎立公司	薛化栋	99088816	炼钢、轧钢
47	蒙古中信建筑集团公司	金锦明	99200788	建筑
48	中国石化集团国际服务公司	朱仁宏	99992676	石油工程服务
49	中国铝业公司代表处	乌恩其	99682798	矿业开发及贸易
50	中国外运驻蒙古办事处	郭庆帅	99101588	运输代理
51	BHM 有限责任公司	马静	99166928	勘探、采矿
52	MONFRESH饮料厂	石建平	99116027	食品、饮料
53	黑龙江蒙古有限公司	王宁	99029951	矿业
54	华融矿业有限责任公司	刘明华	88117366	矿业
55	酒钢丰晟有限责任公司	魏刚	95170138	矿业勘探、采矿
56	蒙古国内蒙古商会	刘·巴特尔	99094518	咨询服务
57	蒙古天鸿有限公司	欧阳伦熬	88086666	国际贸易、矿业
58	丁阿特日戈壁公司	丁顺清	99818635	羊绒驼绒加工
59	新鑫有限责任公司	白良明	99078909	金属矿山开发
60	浩业有限公司	刘英平	99118967	矿业及羊绒分梳

序号	公司名称	联系人	手机	业务
61	美来福蒙古有限公司	乌云巴图	99798411	肯特铜矿
62	银泰山有限公司	马晓勤	91911577	萤石加工
63	DHB有限公司	董才文	95335555	混凝土生产
64	中煤建安蒙古公司	李启英	89218192	矿山建筑安装
65	中冶天工建设蒙古公司	刘新国	95368871	建筑施工
66	山东电建蒙古公司	张挺	98668919	电力
67	蒙古国四达矿业有限公司	马景辉	99756798	矿业开发
68	蒙古国蒙凯国际有限公司	高娃	99030566	汽车销售\配件
69	澳德有限责任公司	那庆	91998383	矿山机械
70	新世界有限责任公司	连东升	99006138	房地产开发\贸易
71	MDSL有限责任公司	毕可平	95240299	矿业开采勘探、机械
72	新兴铸管蒙古有限公司	陈刚	99016859	矿产开发
73	蒙古新源矿产勘探有限公司	韩连锁	99062608	勘探.采矿
74	蒙古科尔沁有限公司	席少忠	95205096	加气块、水泥砖
75	北京永创速达公司驻蒙代表处	周晓东	99115218	运输代理
76	蒙古卜硕矿产有限公司	陶海军	99957799	萤石矿开采加工销售
77	蒙古国鸢都矿业有限责任公司	姜同海	95813922	矿业开发
78	中宝有限责任公司	商宝善	91155036	建筑、装修
79	TOP ABTO PARTC 公司	朝龙	99992326	轮胎配件
80	金金朝阳公司	云志国	99277339	轮胎配件
81	江东黄龙公司	黄东	88631111	建材轧钢
82	TCD有限公司	李新	99982756	房地产开发
83	蒙古新亿利能源有限公司	那木热	99805388	矿产开发
84	中兴建筑有限公司	何静文	91915188	建筑装修
85	宏源有限责任公司	王安书	95981568	勘探、外贸
86	弘昌立实业有限公司	葛清忠	88728888	矿业、贸易
87	新珂源有限公司	郑德新	88723399	地质勘查勘探
88	银山建筑有限公司	曹进全	99818589	建筑开发
89	蒙古锦华矿业有限公司	郑士增	95754586	铁矿
90	蒙古国孙蔡天马公司	孙子华	91919161	建筑工程

续表

序号	公司名称	联系人	手机	业务
91	九华矿业有限公司	李永合	88368519	勘探
92	香港崇和机械代表处	斯日古冷	99991580	矿山机械
93	聚德矿业有限公司	王伟	94088502	地质勘察矿业开发
94	鑫田蒙古有限公司	唐艺航	94175466	矿业开发
95	美源有限公司	谢华安	89966668	矿业开发及房地产
96	永沛泉有限公司	罗韬斐	91917256	矿业开发
97	新大地有限公司	范凯	89668811	钢材
98	金色装饰公司	李仁龙	93099999	建筑、装饰、设计
99	SGS IMME蒙古公司	李先锋	95756824	实验测试、检验
100	新疆建工集团有限责任公司	孙双隆	94208128	公路工程、建筑
101	强德蒙奥云伙伴公司	辛智华	99277168	沙石料、钢支撑
102	步步高有限公司	彭寒宇	99325763	国际贸易
103	蒙泰山科技有限公司	薄少尉	95818979	消防报警、监控
104	HXY 有限公司	杨俊平	99765822	机械配件、沙场
105	乌力吉图宝音乌日格公司	乌力吉图	88001004	建筑工程
106	开发有限公司	张书强	94091558	水泥经销
107	巴音北宸公司	杨首杰	88663668	地质勘查勘探
108	蒙龙查胡尔特敖包	王会旭	95951678	铁矿
109	呼斯林格力巴公司	李文忠	99990866	电力
110	CGGC蒙古公司	何拥军	88981000	建筑地产
111	蒙古新世纪建筑	任志勇	99077258	房地产
112	新特艺达外国投资公司	李士浪	89919738	内外装修
113	布和巴图德布尔公司	苏亿琪琪格	99240581	防水材料生产
114	金博捷有新公司	尚风春	99202768	涂料腻子粉
115	中蒙合资旺财建筑公司	陈伟	89678887	房地产、大理石
116	恒根塔布沧有限责任公司	叶文忠	95755588	建材泡沫
117	XXEM有限公司	刘明利	88258513	矿业
118	创鑫国际物流	刘如友	89170953	物流
119	帝西艾斯公司	陈士勤	99192098	服务及教育
120	蒙古能源公司	张忠	99014968	煤炭开采

3. 格鲁吉亚

序号	企业名称	联系人	联系方式
1	格鲁吉亚中资企业商会	陈文萍（会长）	00995–577 666 777
		于桦（秘书长）	00995–599 566 683
2	中铁二十三局格鲁吉亚分公司	陈文萍（总经理）	00995–577 666 777
		荀彦国（书记）	00995–577 666 000
3	中国水电集团十六局环黑海分公司	许曹津（总经理）	00995–595 966 366
4	国网国际东部电力公司	冉兵（总经理）	00995–599 095 658
5	中铁二院格鲁吉亚办事处	龚熙维（主任）	00995–577666668
6	新疆华凌集团格鲁吉亚分公司	王生新（书记）	00995–591 601 286
7	中核二三建设公司格鲁吉亚分公司	王虎（总经理）	00995–571 200 300
8	华为技术公司格鲁吉亚子公司	于汉峰（总经理）	00995– 595060566
9	中兴通讯公司格鲁吉亚代表处	刘训蕾（总代表）	00995–574001173
10	中冶建工集团有限公司格鲁吉亚分公司	潘隆（总经理）	00995–591 311 239
11	南航新疆分公司第比利斯办事处	姚焕明（总经理）	00995–599 999 301
12	华凌基础银行	李慧（中方行长）	00995–591007612
13	浙江同乡会	蓝海彬（会长）	00995–599 626 528

4. 阿塞拜疆

序号	企业名称	联系人	联系方式
1	中国石油长城钻探阿塞拜疆代表处	吕海波	00994 50 2016672
2	中国寰球工程有限公司阿塞拜疆代表处	马民	00994 51 4450100
3	中国石油技术开发有限公司阿塞拜疆办事处	卢奕合	00994 12 5643722
4	山东科瑞石油装备有限公司阿塞拜疆办事处	房晓地	00994 50 7821069
5	四川宏华石油设备公司阿塞拜疆代表处	潘美岐	00994 50 4668655
6	新疆贝肯能源工程股份有限公司驻阿塞拜疆代表处	涂强	00994 50 2093068
7	中国南方航空股份有限公司巴库办事处	束文杰	00994 12 4880666
8	华为技术阿塞拜疆有限公司	曹泽军	00994 12 4042899
9	长城饭店	包礼军	00994 12 4989388
10	中国铁建十九局集团有限公司阿塞拜疆分公司	冯明锋	00994 50 2268887

序号	企业名称	联系人	联系方式
11	中国土木工程集团有限公司驻阿塞拜疆代表处	缴东英	00994 70 7773836
12	中国地质工程集团有限公司阿塞拜疆分公司	王乐添	00994 55 5090702
13	浙江集海物流有限公司	武娟	00994 70 6655511
14	远大阿塞拜疆有限公司	付强	00994 51 5155058
15	东方国际有限责任公司	张娜	00994 50 2041188
16	阿塞拜疆工程机械设备销售有限公司	刘晗勇	00994 50 5723568
17	四川省机械设备股份有限公司巴库办事处	张云昕	00994 50 2300918
18	阿塞拜疆中国茶业有限公司	谢丽萍	00994 50 5165468

5. 白俄罗斯

序号	企业名称	联系人	电话
1	中白工业园区开发公司	李海欣	00375-44-5219999
2	中信建设有限责任公司	张钊	00375-29-5558777
3	中兴通讯股份有限公司	王广东	00375-25-9803989
4	白俄罗斯华为技术有限公司	潘勇	00375-29-5000855
5	明斯克北京饭店	崔长江	00375-29-6103388
6	中国铁建二十五局集团有限公司	田佳奇	00375-29-9080610
7	中工国际工程股份有限公司	李金伟	00375-29-2285166
8	中国电气进出口有限公司	毛周	00375-29-6338866
9	北京住总集团	高原	00375-29-8744708
10	中国机械设备工程股份有限公司	刘一	00375-44-5558216
11	吉利（白俄罗斯）汽车有限公司	向从健	00375-44-7632263
12	中国路桥工程有限责任公司	杨波	00375-44-5465602
13	葛洲坝集团国际工程有限公司	李荣星	00375-44-4718731

6. 亚美尼亚

序号	企业名称	电话	电邮
1	华为技术有限公司	00374-10-510484	bowen.li@huawei.com
2	中兴通讯股份有限公司	00374-60-460042	liu.hanqing@zte.com.cn
3	中国水电建设集团国际工程有限公司	00374-96-557610	sinohydro_am_lg@163.com
4	西安西电国际工程有限公司	00374-98-110827	zhangyanwen@xianelectric.com.cn
5	辽宁易发式电气设备有限公司	00374-93-891696	leeecarmeniaproject@gmail.com
6	方恩医药发展有限公司	00374-91-532932	yuqi.wei@fountain-med.com